CHRISTINE FUCHS

Mein Räucher ─ kistchen

**RÄUCHERN
MIT HEIMISCHEN
PFLANZEN**

KOSMOS

INHALT

KLEINE RÄUCHERKUNDE

Die Sprache der Düfte 6
Wie alles begann 10
Räuchern – von traditionell bis modern 12
Qualität beim Einkauf 16
Unsere Kräuter kennenlernen 18
Ernten und Sammeln 20
Trocknen und Aufbewahren 22
Beim Mischen beachten 24
Mit Düften verbunden 26

HEIMISCHE KRÄUTER · EXOTISCHE HARZE

Heimische Räucherkräuter 30
Alant · Angelika · Baldrian · Beifuß · Dost · Eisenkraut ·
Holunder · Hopfen · Johanniskraut · Kalmus · Kamille · Koriander ·
Königskerze · Lavendel · Lebensbaum · Lorbeer · Mädesüß ·
Melisse · Minzen · Mistel · Rosmarin · Salbei · Schafgarbe · Süßgras ·
Thymian · Wacholder · Wermut · Ysop

Harze und Räucherhölzer 44
Adlerholz · Benzoe · Bernstein · Copal · Dammar · Labdanum ·
Mastix · Myrrhe · Olibanum / Weihrauch · Sandelholz

Mischungen aus den Räucherstoffen 50

SERVICE

Sammelkalender 52
Die Wirkung von Kräutern und Harzen im Überblick 54
Zum Weiterlesen 58
Adressen für Kräuter und Zubehör 59
Porträt der Autorin 59
Register 60
Hinweise und Tipps für das richtige Räuchern 64

Auf der vorderen Buchklappe

Richtig räuchern mit der Kohle

Richtig räuchern mit dem Stövchen

Das Sieb reinigen

Auf der hinteren Buchklappe

Auf gute Qualität achten

Mischungen selbst herstellen

Die eigene Kreativität ausprobieren

Kleine Räucherkunde

Eine fast vergessene Tradition wird heute wieder lebendig! Was früher in allen Hochkulturen täglich und darüber hinaus auch zu besonderen Anlässen praktiziert wurde, ist wieder modern und liegt ganz im Trend. Wir alle können uns die Kunst des Räucherns aneignen – wenn wir wissen, wie ...

KLEINE RÄUCHERKUNDE

DIE SPRACHE DER DÜFTE

MEHR ALS „NUR" GUTER GERUCH

Der Begriff *Räuchern* löst meist zwei typische Reaktionen aus: entweder ein wissendes „Ah ja, geräucherter Fisch und Räucherwurst, klingt gut!" – oder ein kritisches „Uhhh, das hört sich irgendwie esoterisch und mystisch an, lieber nicht!". Tatsächlich war es in früheren Zeiten üblich, das Fleisch für den Winter über dem offenen Feuer mit aromatischen Hölzern wie Buche, Birke, Eiche oder Wacholder haltbar zu machen. Das gibt es natürlich noch immer. Doch darum geht es in diesem Buch nicht. Auch das Räuchern gleichzusetzen mit dem Vertreiben von Geistern und Dämonen und es im Bereich der „Esoterik" anzusiedeln, wird dem Thema ganz und gar nicht gerecht. Räuchern ist viel, viel mehr …

Stövchen mit feiner Mischung: Es eignen sich viele Pflanzen aus Natur und Garten.

Ganz pragmatisch betrachtet handelt es sich schlichtweg um das Verglimmen getrockneten Pflanzenmaterials wie Blättern, Blüten, Samen, Holzstückchen, Rinden und Wurzeln oder Harzen auf einer Wärmequelle. Dabei lösen sich die eingeschlossenen ätherischen Öle und steigen mit dem Rauch auf. Sie gelangen durch die Atmung in Form von Duftmolekülen sehr schell in einen Teil unseres Gehirns, der limbisches System genannt wird. Das ist das Zentrum unserer Emotionen.

Wenn wir von dieser etwas arg nüchternen und wissenschaftlichen Sichtweise weggehen, und uns tiefer mit dem Räuchern beschäftigen, wird aber schnell klar: Die vielen Facetten und Dimensionen des Räucherns sind unglaublich vielfältig und gehen weit über die reine Geruchsempfindung oder Wirkung im Gehirn hinaus.

DIE ATMOSPHÄRE REINIGEN

Einer der wichtigsten Räucherzwecke – früher wie heute – ist das atmosphärische Reinigen von Räumen. Zwar rücken wir regelmäßig mit Wischlappen und steril riechenden Putzmitteln dem oberflächlichen Schmutz zu Leibe. Doch vergessen wir dabei meist, dass jeder Mensch in einem Raum auch seine „Energie" in Form von Gedanken und Stimmungen hinterlässt. Nicht umsonst reden wir umgangssprachlich von „dicker Luft" oder „den Rauch reinlassen". Die Sprache enthüllt uns oft tiefere Wahrheiten. Mit „den Rauch reinlassen" ist eine der ursprünglichsten Anwendungsgebiete des Räucherns gemeint: die Reinigung eines Raumes von dichten, schweren Energien.

Räuchern neutralisiert die Atmosphäre, macht sie spürbar leichter und klarer. Gerade Besprechungsräumen, Praxis-, Schul- oder anderen Zimmern, in denen viele Menschen in oft sehr emotionsgeladenen Situationen zusammenkommen, tut diese Art der Reinigung sehr gut. Für diesen Zweck gibt es spezielle Mischungen, die hochwirksames Räucherwerk wie den echten Weihrauch – auch Olibanum genannt –, Wacholder-Holz, Kampfer, Beifuß oder Salbei enthalten.

Früher war es sogar ganz normal, Krankenzimmer mit Olibanum zu reinigen. Dieses Harz wirkt nachgewiesenermaßen antiseptisch und desinfizierend. Bereits lange vor der Erfindung von Desinfektionsmitteln entwickelten unsere Vorfahren also eine äußerst wirkungsvolle und dazu noch völlig natürliche Methode, sich vor krankmachenden Keimen zu schützen – ohne schädliche Nebenwirkungen.

WOHLBEFINDEN FÜR SINNE UND SEELE

Nicht nur in unserer mitteleuropäischen Kultur, sondern in allen alten Kulturen setzten die Menschen aromatischen Duft und Wohlgerüche ein: um zu erfreuen, eine gute Stimmung zu erzeugen, eine gesellige Unterhaltung zu begleiten, oder um Sinnlichkeit und Lust anzuregen. Dank der modernen Erforschung der Inhaltsstoffe – auch im Rahmen der Aromatherapie – können wir heute bestimmte Kräuter und Harze viel gezielter und bewusster verwenden, als das früher möglich war. Auf diese Weise können wir unsere Befindlichkeiten wirkungsvoll beeinflussen.

KLEINE RÄUCHERKUNDE

DIE SPIRITUELLE DIMENSION ERSPÜREN

Eine ganz eigene Dimension des Räucherns berührt uns am tiefsten: Es ist der spirituelle Aspekt. Denn Räuchern heißt vor allem auch, der inneren Stimme zu lauschen, auf die Sprache der Seele zu hören, der eigenen Intuition und Wahrnehmung zu vertrauen. Doch was bedeutet das in der praktischen Umsetzung im Alltag?

Sich Zeit und Raum zu nehmen für eine wirkungsvolle Räucherung setzt Stille und Ungestörtheit voraus. Wenn wir bewusst und intensiv räuchern wollen, sollten wir uns mit einer klaren Absicht verbinden und diese Absicht auch formulieren: Wofür ist also gerade diese spezielle Räucherung gut, was soll sie bewirken? Möchten Sie zum Beispiel mitten in einer sehr gestressten Situation endlich zur Ruhe kommen, Ihre Mitte spüren, sich zentrieren? Dann ist es wenig hilfreich, nochmal eben den aktuellen Stand Ihres Aktienpaketes im Internet aufzurufen oder doch noch kurz mit jemanden zu telefonieren, mit dem Sie ein kritisches Thema zu klären haben.

Machen Sie sich also stets bewusst, welche Absicht Sie mit einer Räucherung verbinden – und handeln Sie danach: Öffnen Sie bei jeder spirituellen Räucherung Ihren inneren Seelenraum, nehmen Sie Ihre

ES GIBT GANZ SPEZIELLES RÄUCHERWERK, DAS ...

- beruhigt und entspannt
- erdet und zentriert
- anregt und vitalisiert
- reinigt und klärt
- die Konzentration, Kreativität und Phantasie fördert
- den Schlaf verbessert und das Traumbewusstsein stimuliert
- sich zur Begleitung von Jahreskreisfesten eignet
- Meditationen und Gebete unterstützt

Räuchern können wir überall – es reicht der kleinste Platz.

Gefühle bewusst wahr. Dann können Sie Ihre jeweilige Absicht besser umsetzen. Dabei ist es ganz wichtig, die äußeren Umstände nach eigenem Wohlbefinden zu gestalten.

Düfte wirken immer, haben dadurch eigentlich auch immer eine spirituelle Dimension. Wir können uns ihnen nicht entziehen – wir können ihre seelische Wirkung aber durch Konzentration mehr oder weniger bewusst wahrnehmen. Das, was ein bestimmter Duft auf der seelischen Ebene auslöst, gefällt uns nun nicht immer. Doch eine solche Wahrnehmung kann ein ganz wesentlicher Schritt für die eigene Weiterentwicklung sein: Gerade Düfte können die Seele dynamisieren und verborgene Wunden sichtbar machen – letztlich mit dem Zweck der Heilung und des konstruktiven Lösens oder Voranbringens von Themen und Problemen. Voraussetzung ist dabei immer, dass wir uns auf die Düfte und auf das, was sie innerlich auslösen, einlassen wollen.

Die spirituelle Dimension des Räucherns stellt den Königsweg zur eigenen Seele dar. Es gibt keinen Außenstehenden, der interpretiert und durch seine Sichtweise verfremdet oder uns das eigene Innenleben verzerrt widerspiegelt. Unsere innere Befindlichkeit geht vielmehr in eine direkte und ehrliche Resonanz mit den Düften. Die jeweiligen emotionalen Botschaften können dann der Beginn sein, innerlich zu reifen und sich mit der eigenen Seele auseinanderzusetzen. Mehr darüber im Kapitel *Mit Düften verbunden* (S. 26).

WIE ALLES BEGANN

GLIMMENDES FEUER – DUFTENDER RAUCH

Die Anfänge des Räucherns werden ganz unterschiedlich beschrieben und datiert. Die ersten Feuerstellen bringen es auf 400.000 Jahre, wenn wir der Archäologie glauben können. Sicher ist, dass das Räuchern in dem Augenblick geboren war, als die Menschen auch das Feuer bewusst nutzen konnten. Das Feuer hatte den Zweck, vor wilden Tieren zu schützen. Dort, wo es brannte, war auch Gemeinschaft, Geborgenheit, Wärme und Nahrung. Feuer bedeutete, zu überleben und in Sicherheit zu sein. Und außerdem: Beim Feuer hat es einfach immer gut gerochen.

Die Menschen damals haben die Natur beobachtet, mit allen Sinnen. Das, was sie ins Feuer warfen, setzte bestimmte aromatische Düfte frei. Sie haben auch sich selbst beobachtet und nahmen wahr, wie sie auf das reagierten, was da im Feuer langsam verglomm. Im Lauf der Zeit war klar, dass Hölzer, Rinden, Blätter, Wurzeln und Gräser auf eine bestimmte Weise wirken. Daraus hat sich ein großes Wissen über Pflanzen entwickelt – und eine weltweite Räucherkultur, die sich über viele Jahrtausende halten konnte. In allen bedeutenden Hochkulturen pflegten die Menschen mit den vielfältigsten Räucherstoffen ganz selbstverständlich ihr körperlich-seelisches Wohlbefinden. Sie setzten verräucherte Kräuter und Harze für medizinische, religiöse und auch magische Zwecke ein.

WIE PFLANZENDÜFTE AUF UNS WIRKEN

Was passierte für die Menschen in früheren Zeiten, wenn mit dem Rauch des Feuers aromatische Düfte aufstiegen? Pflanzen sind zunächst einmal feste Materie. Durch die Verwandlungskraft des Feuers geht nun die feste Materie in einen anderen Zustand über – das ist der alchemistische Wandlungsprozess des Verbrennens. Materie wandelt sich zu Rauch, in dem sich das Wesen oder der Geist der Pflanze zeigt. Denn im Wesen oder Geist stecken alle Informationen, die die Pflanze für uns hat. Das ist auch der Grund, warum Pflanzen überhaupt mit uns auf seelischer, geistiger und körperlicher Ebene in Kontakt treten können – warum sie eine Wirkung auf uns haben.

In früheren Zeiten konnten die Menschen noch viel mehr wahrnehmen: Der Duft, die Seele der Pflanze, steigt im Rauch vom Diesseits ins Jenseits auf und erfreut dort die Götter. Das ist eine gängige Vorstellung, ein ganz reales Bild gewesen. Deshalb war das Räuchern auch immer dazu da, den Göttern zu opfern und sie gnädig zu stimmen: in Form von Gebeten, Wünschen und Bitten. Die angebeteten Gottheiten wiederum schickten Ruhe, Entspannung, innere Bilder und Visionen, die die Fragen der Menschen beantworteten.

Am Ende eines solchen Räucherrituals fühlten sich die Menschen innerlich gereinigt und beseelt. Sie konnten zum Beispiel den nächsten Schritt zu einer bestimmten Frage besser erspüren und wahrnehmen. Vielleicht erinnerten die Düfte sie auch an Zustände von Gesundheit und Wohlbefinden und wirkten wie Heilungsimpulse.

Feuer – ein Element, das jeden Menschen tief anspricht.

Heute mutet uns eine solche Sichtweise vielleicht etwas esoterisch an. Doch wissenschaftliche Forschungen belegen, dass und auf welche Weise Räucherstoffe über den direkten Einfluss auf unser Stammhirn wirken und wie sie dort die psychischen Fähigkeiten wie Emotionen, Motivation, Erinnerungsvermögen und auch das vegetative Nervensystem ansprechen und beeinflussen.

Früher reichte es aus zu wissen, dass der Geist der Pflanze mit uns und unserer Seele kommuniziert. Damals haben die Menschen das einfach gespürt. Auch heute ahnt unsere Intuition längst, worum es geht, während sich unser hochkultivierter Verstand meist nur noch von wissenschaftlich-rationalen Forschungsergebnissen überzeugen lässt. Wenn wir uns jedoch neugierig einlassen auf den Empfindungsweg vom Einatmen über die Nase bis zum Gefühl, landen wir wieder bei dem, was unsere Vorfahren direkt spürten und wussten: Düfte wirken immer ganz tief in der Seele ...

KLEINE RÄUCHERKUNDE

RÄUCHERN – VON TRADITIONELL BIS MODERN

HOLZKOHLE – URSPRÜNGLICH UND ARCHAISCH

Zum traditionellen Räuchern brauchen Sie
- ein feuerfestes Räuchergefäß aus Ton
- ein Stück Räucherkohle
- eine Zange zum Halten der Kohle
- eine Kerze zum Anzünden der Kohle
- Sand (kein Vogelsand, am besten Deko-Sand aus dem Baumarkt)
- eine Feder zum Fächeln des Rauches
- Räucherwerk, also getrocknetes Räuchermaterial oder Harze

Ein Fest aus Farben und Düften ...

Die Räucherschale befüllen Sie etwa zur Hälfte oder maximal zu zwei Dritteln mit Sand. Danach nehmen Sie die Kohle mit der Zange auf und halten Sie mit der scharfen Oberkante direkt in die Flamme der Kerze. Sie können dafür natürlich auch ein Feuerzeug verwenden. Das funktioniert aber oft nicht so gut, weil man das Feuerzeug oft automatisch wieder ausmacht, bevor die Kohle richtig zum Zünden kam.

Die im Handel erhältlichen Holzkohlen sind mit Salpeter getränkt. Der sorgt als Brandbeschleuniger dafür, dass ein Glutfunke durch die Holzkohle läuft. Manche Menschen mögen allerdings den Geruch des Salpeters nicht, der sich beim Anglimmen freisetzt. Die Holzkohle

WEG MIT DER „DICKEN LUFT" ZUHAUSE

Für eine **Hausräucherung**, also das energetische Reinigen von Räumen, eignen sich ganz wunderbar **Räucherkelche**. Sie haben einen Fuß, den Sie gut mit einer Hand umfassen können. Nehmen Sie sich Zeit, gehen Sie durch das ganze Haus, besuchen Sie jeden Raum. Mit Räucherkelchen ist das kein Problem: Der Fuß des Kelches wird nicht zu heiß, das Gefäß nicht zu schwer. Mit der anderen Hand können Sie gut den Rauch fächeln und immer wieder Räucherwerk nachlegen.

spritzt beim Zünden etwas um sich, das ist aber ungefährlich. Am besten ist, Sie stellen das Räuchergefäß auf ein Tablett, dann kann nichts passieren. Eine Alternative ist japanische Holzkohle. Sie ist nicht mit Salpeter getränkt und riecht deswegen beim Entzünden nicht. Der Nachteil ist allerdings, dass sie wesentlich mehr Zeit zum Anglimmen und Durchglühen benötigt als die herkömmliche Holzkohle.

Wenn Sie das Räucherwerk bereits auflegen, wenn die Kohle erst am äußersten Rand die erste Glut zeigt, erstickt sie schnell und kann nicht vollständig durchglühen. Es ist also etwas Geduld angesagt: Warten Sie, bis die Kohle außen vollständig grau aussieht, wie verascht. Um diesen Prozess zu beschleunigen, pusten Sie einfach die Kohle an. Oder Sie fächeln mit der Feder Luft zu.

Bis die Kohle vollständig durchgeglüht ist, bereiten Sie das Räucherwerk vor. Machen Sie daraus eine Zeremonie, stellen Sie sich bewusst Fragen: Ist jetzt etwas Beruhigendes oder eher etwas Anregendes passend? Was benötige ich noch für mein Räucherritual? Einen schönen Heilstein? Eine Blüte in einer Schale mit Wasser? Eine Kerze? Schaffen Sie sich auch einen gemütlichen Platz, an dem Sie ungestört sitzen können. Wenn die Kohle bereit ist, legen Sie etwa einen halben Teelöffel des ausgewählten Räucherwerks auf. Sofort kräuseln sich dann die ersten Duftschwaden und steigen nach oben: Der Prozess der Transformation hat begonnen, das Räucherwerk löst sich nach und nach auf und schenkt uns die herrlichsten Düfte.

Gerade Räucherrituale oder -zeremonien werden traditionell mit der Kohle durchgeführt. Hier braucht es einfach den Rauch. Er wirkt verstärkend auf alle Ebenen, die mit dem Ritual angesprochen werden sollen. Sorgen Sie aber bereits während und auch nach der Räucherung für eine ausgiebige Belüftung.

Räucherstövchen sind ganz einfach zu handhaben und schnell einsetzbar.

RÄUCHERSTÖVCHEN – MODERN UND TRENDIG

Das Räucherstövchen besteht aus einem feuerfesten Tonzylinder oder einem Metall-Gestell, aus einem Edelstahl-Drahtsieb darüber und aus einem Teelicht. Manche Menschen versuchen, eine Aroma-Duftlampe zum Räucherstövchen umzufunktionieren. Davon ist aber abzuraten, denn der Abstand zwischen Kerze und Drahtsieb muss stimmen: Bei zu kleinem Abstand ist die Hitze zu groß und das Räucherwerk verbrennt. Bei zu großem Abstand entwickelt sich kein Duft, weil die Wärmeentwicklung zu schwach ist.

Und so geht´s: Zünden Sie das Teelicht an und stellen Sie es in das Stövchen. Das Räucherwerk legen Sie nun einfach auf das Edelstahlsieb. Beachten Sie dabei eines: Beim Auflegen von Harz ist es empfehlenswert, ein kleines Stückchen Alufolie auf das Drahtsieb zu legen. Alternativ können Sie auch etwas Sand darauf streuen. So verhindern Sie, dass das geschmolzene Harz das Sieb verklebt.

Wenn das doch einmal passiert, lässt sich das Sieb gut mit dem richtigen Handwerkszeug reinigen. Halten Sie das Sieb mit einer kleinen Zange direkt über die Flamme einer Kerze. Das machen Sie am besten über der Spüle oder im Freien. Die Harzreste brennen dann vollkommen aus. Bürsten Sie die erkalteten Reste mit einer kräftigen Drahtbürste ab – schon ist das Sieb wieder sauber. Erschrecken Sie nicht, wenn die Harzreste beim Abbrennen manchmal entflammen. Wenn Sie das Sieb mit einer Zange halten, kann nichts passieren.

Das Räuchern mit dem Stövchen verkörpert das moderne Räuchern im Alltag. Es ist jederzeit einsetzbar: morgens am Schreibtisch im Büro, im Besprechungszimmer, in Praxis- und Behandlungsräumen, im Kinderzimmer, abends beim gemütlichen Sitzen im Wohnzimmer oder im Schlafzimmer mit einem entspannenden Duft.

Ein großer Vorteil ist, dass kaum Rauch entsteht. Wir dürfen uns der reinen Duftwirkung hingeben: die Raumluft erfrischen, Gäste „duftend" willkommen heißen, sich abends entspannen und erden. Das Stövchen ist schnell einsetzbar und lässt sich wirklich unkompliziert und einfach in jede Alltagssituation integrieren. Hier brauchen wir weniger Geduld als mit der Kohle, die erst richtig durchglühen muss und mehr Aufmerksamkeit von uns fordert. Beim Räuchern auf dem Drahtsieb können wir gleich loslegen.

VON DER MITTE ZUM RAND

Legen Sie nur zu Beginn das Räucherwerk direkt in die Mitte über die Kerze. Sobald sich die ersten Duftschwaden entwickelt haben, schieben Sie es besser an den **Rand des Siebes.** Die Hitzeentwicklung dort reicht vollkommen aus, damit sich die ätherischen Öle lösen und sanft den Raum erfüllen. Feines Räucherwerk wie getrocknete Rosen- oder Apfel-Blüten legen Sie gleich an den Rand des Siebes. So verhindern Sie, dass das feine Material in der Mitte dunkel wird und anfängt zu verbrennen.

KLEINE RÄUCHERKUNDE

QUALITÄT BEIM EINKAUF

AM BESTEN IMMER NATUR PUR

Mit der Nase mal kurz Räucherware zu erschnüffeln, reicht nicht aus, um wirklich über die Qualität zu entscheiden. Denn wir werden heutzutage von Düften regelrecht überflutet, und das führt unser Riechorgan oft in die Irre oder besser gesagt in künstliche Gefilde. Wie also können wir gute Räucherqualität erkennen?

Über die Qualität und Duftintensität von eigens angebauten Kräutern wie dem Salbei oder dem Thymian geht nichts: Denn Kräuter, die in unserer unmittelbaren Umgebung wachsen, haben – energetisch betrachtet – die gleiche Schwingung wie wir. Vor allem, wenn wir sie beachten, hegen und pflegen. Wir können das wirklich im Duftaroma nachempfinden. Bei Harzen sind die Qualitätsunterschiede auffälliger als bei Kräutern. Harze bilden sich aus dem dickflüssigen Saft von Bäumen, der bei Verletzungen an der Rinde austritt, um die Wunde zu schließen. Weihrauch ist das wohl bekannteste Harz. Unter diesem Begriff kursiert jedoch das eigentümlichste, oftmals minderwertiges Räucherwerk im Handel. Schlechte Ware lässt sich in keinster Weise vergleichen mit der Kostbarkeit des echten Weihrauchs, auch Olibanum genannt.

Dieses wunderbare Geschenk der Natur wird oftmals verindustrialisiert: Wir finden im Handel kleinste Harzkügelchen, die vom ersten, oft unbrauchbaren Ernteschnitt stammen, ohne nennenswerte Inhaltsstoffe, gerne sogar bunt gefärbt und künstlich parfümiert. In dieser Kategorie schwelt auch so mancher Kirchenweihrauch. Klangvolle Namen wie *Paradies*, *Raphael*, *Weihrauch Gloria* oder *Lourdes Gold* machen die Qualität nicht besser. Selbst für Feng-Shui-Zwecke werden manchmal Harzmischungen in Rot-, Grün- und Gold-Färbung empfohlen, um eine bestimmte Wirkung zu erzielen.

VORSICHT GESUNDHEITSGEFAHR!

Warum ist die Qualität gerade beim Räuchern so wichtig? Der Geruchssinn steht als einziger unserer Sinne in unmittelbarem Kontakt mit dem Gehirn. Durch die Nasenschleimhäute dringen die Duftmoleküle also

GEWEIHTER RAUCH, HEILIGES RÄUCHERWERK

Weihrauch bedeutet eigentlich **geweihter Rauch**. Eine geeignete Mischung kann aus unterschiedlichen heimischen und exotischen Harzen bestehen und sagt erst einmal nichts über die Qualität aus.

Das echte Weihrauchharz wird auch als **Olibanum** bezeichnet. Es stammt von einem Balsambaumgewächs, dem *Boswellia*-Baum, der in Nordafrika und auf der arabischen Halbinsel gedeiht. Es gibt eine Vielzahl von unterschiedlichen Arten. Sie unterscheiden sich alle in Duft und Qualität. Die hochwertigsten und bekanntesten erhalten wir von den Stammpflanzen *Boswellia sacra*, *B. serrata* und *B. carteri*. Hochwertiges Olibanum hat eine tränenartige Form und ist fast durchsichtig oder zitronig-gelb bis milchig-weiß. Wenn wir im Folgenden von Weihrauch sprechen, ist immer der echte Weihrauch, also das Olibanum gemeint.

direkt in unseren Körper ein. Synthetische Duftstoffe, die häufig zur Parfümierung von minderwertiger Räucherware und bei Räucherstäbchen oder Räucherkegeln verwendet werden, setzen sich meist aus gesundheitlich bedenklichen Moschusverbindungen zusammen.

Sie stehen im Verdacht, sich gar nicht oder nur sehr langsam abzubauen und sich sogar im menschlichen Fettgewebe anzureichern. Diese synthetischen Mischungen lösen oftmals Unverträglichkeiten und andere Krankheitssymptome aus – im Gegensatz zu einem natürlichen Kräuter- und Harzduft. Die beste und gesundheitlich vollkommen unbedenkliche Variante ist das Harz, so wie es direkt und unverfälscht am Baum entsteht.

Letztlich geht es auch um den Respekt gegenüber dem großzügigen Geschenk der Natur. Das Harz fließt in herrlichen goldenen Farbtönen direkt aus dem Baumstamm. Weshalb sollte es in einem maschinellen Prozess gefärbt und parfümiert werden? Wenn bei einem Räucherritual Farben wichtig sind, dann lieber in Form bunter Stearin- oder Wachskerzen (aber bitte keine Duftkerzen!) und frischer Blüten. Stehen Sie also vor einer Kaufentscheidung, so fragen Sie sich oder den Verkäufer stets: Kommt das Material genau so von der Pflanze? Handelt es sich ausschließlich um reine Naturprodukte?

KLEINE RÄUCHERKUNDE

UNSERE KRÄUTER KENNENLERNEN

DAS KRÄUTERPARADIES VOR DER HAUSTÜR

Die Fülle an Frühlingskräutern ist fast grenzenlos. Es gibt kaum einen Laden, der sie nicht im Angebot hat. Hier bitte stets sorgfältig auswählen. Sie können natürlich gerne im Supermarkt Kräuter kaufen. Doch sind diese häufig nicht so robust und langlebig wie Kräuter aus einer Fachgärtnerei, die aus eigener Anzucht sind oder nach biologischen Kriterien gedeihen durften. Wer lange Freude an seinen Kräutern haben möchte, kauft besser im Fachgeschäft (Bezugsquellen S. 53).

Empfehlenswert ist es, wenn Sie sich bereits während der Kräuterhauptzeit im Sommer auf die Düfte in der späteren Jahreszeit einstimmen: Hocharomatische Pflanzen sind Lavendel, Minze, Rosmarin, Thymian, Kamille, Zitronenmelisse, Ysop oder Majoran. Sie können dann bereits an lauen Sommerabenden die Vorfreude auf das Räuchern genießen, wenn die zarten Duftfäden an Ihrer Nase vorbeiziehen.

Auch auf dem kleinsten Balkon können Sie Räucherkräuter ziehen, die dann auch gleich noch für die Küche geeignet sind. Wichtig ist immer ein sonniger Standort, möglichst windgeschützt. In Töpfen benötigen die Kräuter mehr Aufmerksamkeit von Ihnen als in einem Beet. Topfen Sie deshalb nach dem Kauf erst einmal in einen größeren Kübel um. Gießen Sie regelmäßig, doch vermeiden Sie Staunässe. Eine Fülle an Ratgebern steht Ihnen hier zur Seite.

Neben allen klassischen Küchenkräutern eignen sich auch andere Pflanzen zum Räuchern. Übertreiben Sie es aber nicht, das führt sonst zur Verwirrung. Fangen Sie lieber mit ein paar wenigen an. Fünf bis sieben Lieblingskräuter reichen vollkommen aus. Experimentieren Sie mit Ihnen, finden Sie eigene kreative Mischungen. Gerade in Kombination mit passenden Harzen können Sie mit wenigen Kräutern bereits sehr wirkungsvolle Mischungen kreieren.

Geeignete Blüten wie die Ringelblume können wir auf dem kleinsten Balkon ziehen.

REZEPTUREN MIT KRÄUTERN, GEWÜRZEN UND HARZEN

- **Morgendliches Munterwerden:** Rosmarin, Minze, Beifuß, Kampfer
- **Kreativer Schub im Büro:** Muskatnuss, Thymian, Kardamom, Wacholder-Beeren, weißer Copal
- **Entspannende Abendmischung:** Lavendel, Melisse, Kamille, Rosen-Blüten, Myrrhe

LANGSAM DAS SORTIMENT ERWEITERN

Wenn die Lust und Experimentierfreude steigt, können Sie das Sortiment gerne erweitern. Probieren Sie es einmal mit folgenden Pflanzen:

Johanniskraut: Am besten sammeln Sie es in der freien Natur. Da es so ein hübsches Pflänzchen ist, haben es viele Menschen auch gerne direkt am Haus. Sammeln Sie nur die Blüten. Johanniskraut *(Hypericum perforatum)* darf in keiner Mischung fehlen, die Licht und Sonne symbolisiert. Es ist eine ganz elementare Räucherpflanze (Porträt S. 34).

Salbei: Der Salbei, *Salvia officinalis*, ist der Klassiker. Machen Sie aber unbedingt auch einmal die Bekanntschaft mit dem Weißen Salbei, *S. apiana*. Ein unvergleichlich aromatischeres Dufterlebnis kommt ihnen da entgegen. Im Winter braucht er ein geschütztes Plätzchen. Auch der Muskatellersalbei, *S. sclarea*, hält einen ganz besonderen Duft bereit. Nicht nur die Blüten, die ganze Pflanze riecht geradezu verschwenderisch. Muskatellersalbei lässt sich auch gut in einem Kübel ziehen. Alle Salbei-Arten sind ausgezeichnete Räucherkräuter für eine atmosphärische Reinigung und für geistige Klarheit (Porträt S. 40).

Beifuß und Wermut: Da fällt die Wahl schwer. Die Vielfalt erstreckt sich vom Gewöhnlichen Beifuß *(Artemisia vulgaris)* bis zum Steppenbeifuß *(A. ludoviciana)*. Letzterer ist in der indianischen Tradition das wichtigste Räucherkraut. Vertrauen Sie stets Ihrer eigenen Nase. Verreiben Sie ein Blättchen zwischen den Fingern und Sie wissen sofort, ob Sie etwas mit dem Duft einer bestimmten Pflanze anfangen können oder nicht (Porträt S. 31). Auch alle Wermut-Arten verströmen beim Räuchern eine hocharomatische Note. Sie sind unempfindlich und gedeihen sehr gut im Kübel oder Beet (Porträt S. 43).

KLEINE RÄUCHERKUNDE

ERNTEN UND SAMMELN

DER PASSENDE ZEITPUNKT

Für Kräuter, Harze und Wurzeln gibt es ideale Sammel- bzw. Erntezeitpunkte, sofern das Wetter mitspielt. Für Kräuter und Harze gelten die Tage zwischen dem 15. August (Mariä Himmelfahrt) und dem 8. September (Mariä Geburt) als perfekt. Diese Zeitspanne wird *Frauendreißiger* genannt und war schon immer die Zeit der Haupternte: Die Kräuter haben gerade in diesen Tagen die höchste Konzentration an ätherischen Ölen, ihre Heilkraft steckt in den oberen Pflanzenteilen. Sammeln Sie immer an einem sonnigen Tag, am besten vormittags noch vor der größten Mittagshitze. Tau sollte verdunstet sein.

Wurzeln graben Sie erst ab Mitte September bis in den Oktober hinein aus. Dann haben sich die Pflanzensäfte bereits wieder zurückgezogen und befinden sich im Wurzelstock, der jetzt über sehr starke Heilkräfte verfügt.

Immer wieder kommt die Frage auf, wie es sich mit der Kräuterernte in Verbindung mit dem Mondkalender verhält. Die Antwort: Wenn Zeit, Ruhe und Muse vorhanden sind, ist es optimal, nach dem Mondkalender zu ernten. Wenn Sie einen dichtgedrängten Tagesablauf vor sich haben, sollten Sie allerdings auf das Ernten verzichten, selbst wenn der Mondkalender dann genau das vorgibt. Stress und Hektik haben bei der Ernte nichts zu suchen. Allgemein gilt: Die Kräuterernte ist bei zunehmendem Mond besser als bei abnehmendem.

Die Fülle an Kräutern ist im Sommer unerschöpflich.

ERNTE-TIPPS

Blicken Sie „Ihre" Kräuter an, nehmen Sie sie wahr, spüren Sie in sie hinein. Ernten Sie stets mit einem Gefühl der Freude und Dankbarkeit. Seien Sie **achtsam** beim Abschneiden. Entnehmen Sie der Natur stets nur so viel, wie Sie selbst wirklich benötigen. Lassen Sie immer einige Triebe stehen, damit Sie eine Pflanze nicht ausrotten – und sich auch andere Menschen noch an ihr erfreuen können.

DIE INNERE HALTUNG ZÄHLT

Wer mag, kann beim Erntevorgang eine Vielfalt an Regeln beachten. Das hängt jedoch auch von der weiteren Verwendung ab. Bei der Kräuterernte für Tee sollten Sie aus hygienischen Gründen viel strengere Regeln beachten als das bei Räucherkräutern notwendig ist. Am Allerwichtigsten sind immer Ihre Intuition und Ihre innere Haltung. Denn Ihre innere Energiespannung überträgt sich auf die geernteten Kräuter und Harze. Erfreuen Sie sich also an der Pflanze, bewundern Sie Farben und Wuchs. Sind Sie dankbar für das, was sie Ihnen schenkt. Das sind genauso wichtige Beiträge zu einem gelungenen Erntevorgang wie die persönliche Fragestellung, ob Sie mit einem Metallmesser schneiden oder mit einem Keramikmesser. Rupfen Sie die Kräuter niemals einfach ab. Besser ist auf jeden Fall eine gute Rebschere oder ein scharfes Messer.

Transportieren Sie Ihre erntefrischen Kräuter in einem großen Weidenkorb oder in Obstkisten, bis sie zum Trocknen weiterverarbeitet werden. Plastiktüten oder -dosen bitte nicht verwenden. Die Kräuter müssen nicht gewaschen werden. Das ist nicht nötig, wenn es um Räuchermischungen geht. Entfernen Sie aber braune und kranke Blättchen oder Blüten. Das reicht aus.

Beim Räuchern ist es schön, auch Blüten in der Mischung zu haben. Der Anblick einer in gelben, roten oder lila Farben leuchtenden Mischung erfreut Ihre Seele, schon bevor sich Ihre Nase am Duft labt. Achten Sie beim Ernten darauf, dass die Blüten noch nicht am Verblühen sind, denn dann haben sie nicht mehr ausreichend Aroma gespeichert. Wenn Sie nicht in Ihrem eigenen Garten ernten, sondern in der freien Natur, achten Sie bitte auf den Naturschutz. Viele Pflanzen dürfen nicht gesammelt werden! Ernten Sie stets bitte immer nur Teile einer Pflanze. Dann kann sie sich weiter vermehren und bleibt auch anderen Kräuterbegeisterten erhalten.

TROCKNEN UND AUFBEWAHREN

WAS EIN ECHTER TROCKENRAUM IST

Nach dem Ernten lassen Sie die Kräuter am besten noch zwei bis drei Stunden an der frischen Luft liegen. Nicht gerade in der prallen Sonne, sondern an einem schattigen Ort. Dadurch verlieren die Pflanzen bereits viel Feuchtigkeit, die Sie dann schon nicht mehr im Trockenraum haben. Außerdem können sich auch die zahlreichen kleinen Insekten, die sich in den Pflanzen verbergen, in Sicherheit bringen.

Zum Trocknen hängen Sie ganze Kräuterbüschel mit längeren Stängeln mit der Spitze nach unten als Bündel auf. Das eignet sich zum Beispiel für Salbei, Beifuß, Wermut, Eberraute, Muskatellersalbei, Johanniskraut, Mädesüß oder Rosmarin. Das tun Sie in einem Trockenraum, den Sie immer wieder einmal gut lüften. Dieser Raum soll nicht gerade sonnendurchflutet sein, denn direkte Sonnenstrahlen lassen die Kräuter schnell ausbleichen. Eine hübsche Schnur von einer Küchenwand zur anderen tut es dabei durchaus auch. Dekorativ gebündelt sind die Kräuter dort auch gleich etwas für das Auge.

Trocknen Sie niemals unter einem offenen Vordach oder einem überdachten Balkon, das geht garantiert schief. Die Kräuter ziehen unter solchen Umständen immer wieder Feuchtigkeit an, verfärben sich braun oder werden sogar schimmelig. Dann war die ganze schöne Arbeit umsonst.

KISTCHEN VOM NETTEN OBSTHÄNDLER ...

Zarte Blütenblätter wie Rosen-, Apfel- und Jasmin-Blüten oder kleinwüchsige Kräuter wie Kamille und Thymian können Sie am besten in Holzkisten trocknen, die Sie mit unbehandeltem und sauberem Stoff oder mit Küchenpapier ausgelegen. Der freundliche Obsthändler am Marktstand oder die nette Verkäuferin im Supermarkt geben Ihnen bestimmt gerne ein paar Kistchen ab. Sie eignen sich ideal, um sie auf engem Raum übereinander zu stapeln. Sie werden dabei gut von allen Seiten belüftet. Ideal sind auch alte Obst-Stellagen, in denen früher Kartoffeln und Äpfel aufbewahrt wurden.

Legen Sie die zarten Blüten beim Trocknen aber nicht übereinander. Das Pflanzengut verschimmelt sonst. Das kann leicht zu Enttäuschungen führen, gerade wenn Sie nicht mehr nachsammeln können. Legen Sie also alles schön nebeneinander, bis der Kistenboden bedeckt ist. Nach ein paar Tagen gibt es dann eine kleine Überraschung: Die Blüten sind auf ein Viertel ihrer ursprünglichen Größe geschrumpft. Die Kräuter benötigen je nach Beschaffenheit unterschiedlich lange, bis sie trocken sind. Wenn sie sich leicht zwischen den Fingern zerbröseln lassen, sind sie genau richtig – nämlich rascheltrocken.

Harze, die noch weich sind, sollten Sie erst gar nicht ernten. Sie benötigen mehrere Monate, bis sie ganz ausgehärtet sind. Weiches Harz bleibt an den Fingern kleben und kann dann nur noch mit Butter oder fettem Pflanzenöl entfernt werden. Außerdem schädigen Sie den Baum, der sein frisches Harz ja braucht, um eine akute Wunde zu schließen. Wenn Sie trotzdem nicht darauf verzichten möchten, weil die Gelegenheit gerade übermäßig üppig vorhanden ist, dann schaben Sie mit einem Messer vorsichtig wenig (!) Harz vom Baum ab. Das Messer wischen Sie an einem Backpapier ab. So können Sie das Harz auch gleich zum Trocknen auslegen. Am besten ist es jedoch, das Harz prinzipiell in getrocknetem Zustand zu ernten.

Harmonie beim Trocknen: Indianernessel, Alant, Lavendel und Rosmarin

DAS RICHTIGE GEFÄSS

Fertig getrocknete Kräuter können Sie sofort zerkleinern oder erst beim Räuchern. Die Blätter streifen Sie dabei mit den Fingern von den Stängeln in eine Schüssel hinein. Festere Blätter und Stängel wie etwa Rosmarin schneiden Sie mit einer Schere in kleine Stückchen. Im Fachhandel gibt es dafür spezielle Kräuterscheren mit drei Klingen, was sehr praktisch ist. Zur Aufbewahrung verwenden Sie Papiertüten oder Schraubgläser. Letztere im dunklen Schrank aufbewahren, sonst bleichen die lichtempfindlichen Kräuter aus.

BEIM MISCHEN BEACHTEN

MULTIKULTI IN DER RÄUCHERSCHALE

Immer wieder tauchen beim Zusammenstellen der optimalen Räucherstoffe zwei Fragen auf: Welche Kräuter nehme ich? Und: In welchem Verhältnis mische ich? Für feine Räuchermischungen brauchen wir mehr als „nur" hochwertige Kräuter. Denn Harze wirken als Duft-Fixierer: Sie verstärken den Duft der Kräuter, wodurch er sich länger im Raum hält. Alles beginnt also bei den Harzen.

Harze unserer heimischen Nadelbäume wie Tanne, Kiefer oder Fichte zu unterscheiden, ist fast unmöglich. Manchmal werden sie unter dem Begriff *Burgunderharz* zusammengefasst. Es kann auch sein, dass sie als *Waldweihrauch* angeboten werden. Der Waldweihrauch hat aber mit dem, was wir wirklich unter Weihrauch verstehen, nämlich Olibanum aus Afrika und Arabien, nichts zu tun.

Meist ist nicht nachvollziehbar, von welchen Stammpflanzen die Harze in derartigen Mischungen kommen. Im Handel angebotenes Kiefernharz kommt fast ausschließlich aus Portugal und China. Beim Kauf von „Echtem Tannenharz" sollten ebenfalls die Alarmglocken läuten. Es ist sehr wahrscheinlich, dass wir es hier mit dem günstigeren Kiefernharz zu tun haben. Die Verwirrung ist groß und selbst für Experten nicht einfach zu durchschauen. Wer also gerne heimische Harze für seine Räuchermischungen haben möchte, der macht sich selbst auf in den Wald.

Es kann geradezu ein meditativer Prozess sein, die Bäume auf der Suche nach dem Kostbarsten, das sie zu geben haben, genau in Augenschein zu nehmen. Glücklich kann sich schätzen, wer an Lärchenharz herankommt. Es ist selten, teuer, schwierig zu sammeln und noch schwieriger zu verarbeiten. Dieses Harz bleibt eher zäh bis flüssig. Es wird in pulverisierte Kräuter und Harze eingearbeitet, die es gut aufsaugen.

Daneben gibt es eine Vielzahl exotischer Harze, die sehr gut zu Duft und Wirkung unserer heimischen Räucherkräuter passen. Übrigens haben schon die Kelten diese Erfahrung für medizinische und magische Zwecke genutzt. Interessanterweise ist die älteste Handelsroute der Welt die Weihrauchstraße von Südarabien bis zum Mittelmeer. Sie wurde ver-

GRUNDAUSSTATTUNG AN HARZEN

Dazu gehört ein guter **Weihrauch,** wie Olibanum aus dem Oman. Weihrauch symbolisiert Geist, Verstand, Himmel und das männliche Element. Wer eine unüberwindbare Abneigung gegenüber Weihrauch hat, der kann statt dessen hochwertigen Mastix, Dammar oder Sandarak kaufen.

Myrrhe oder, wem sie zu herb ist, das süßlicher duftende **Opoponax.** Myrrhe ist der Gegenpart respektive die ideale Ergänzung zum Weihrauch. Sie symbolisiert Erde, Mütterlichkeit, Weiblichkeit, Wärme.

Mastix, das Harz des Pistazienbaumes: Das sind kleine, durchsichtige, gelbe Kügelchen. Sie sind teuer, jedoch unvergleichlich im Duft. Mastix symbolisiert Licht und Sonne.

Weißer oder schwarzer **Copal:** Der echte, weiße *Protium Copal* gilt in Südamerika als edelstes Räucherwerk. Er verströmt einen betörenden Duft und lässt sich schön mischen mit Kräutern wie Rosmarin, Thymian, Salbei, Minze und Süßgras. Der schwarze Copal hat einen süßlichen, schwereren Duft. Mit Lavendel- sowie Rosen-Blüten und Sandelholz ergibt er eine hocharomatische Abendräucherung.

mutlich bereits ab etwa 1000 vor Christus genutzt, um Harze und Gewürze nach Europa zu transportieren. So kamen auch unsere Vorfahren in den Genuss dieser köstlichen Ingredienzen aus dem Orient.

Vergessen Sie Waage und genaueste Abmessungen beim Mischen. Eine eigene Mischung herzustellen hat vor allem mit persönlicher Intuition zu tun. Der Duft Ihrer eigenen Mischung spiegelt Ihre Seele wider. Als grobe Orientierung gilt: maximal 1/4 Harze und 3/4 Kräuter. Es versteht sich von selbst, stark duftende Kräuter sparsamer zu verwenden als schwächer duftende. Vertrauen Sie dem allerersten Impuls, den Sie innerlich wahrnehmen, wenn Sie Ihre Nase in die Kräuter halten. Das ist Ihre Intuition, Ihre innere Stimme, die Ihnen jetzt sagt, wie viel sie wovon nehmen sollen. Sie werden größte Freude haben an Ihrer ganz persönlichen Mischung, an Ihrem Duft! Er wird Sie stets in Ihrem Innersten berühren …

Bei selbst hergestellten Mischungen sammeln sich die pulverisierten Harze am Boden der Dose oder Tüte an, da sie schwerer als die zarten Kräuter sind. Je nachdem, wo sie zugreifen, entsteht also ein anderer Duft. Genau das zeichnet eine reine, natürliche Mischung aus.

Von oben nach unten: Myrrhe, Opoponax, Mastix, weißer Copal

MIT DÜFTEN VERBUNDEN

UNSER WUNDERVOLLES RIECHORGAN

Die wissenschaftliche Forschung der letzten Jahrzehnte hat verstärkt den Weg gewiesen zu jenem Sinn, der uns meist am tiefsten bewegt und beeindruckt: Das ist der Riechsinn. Spannend, was alles herausgefunden wurde über die Nase, dieses lange fast schon vernachlässigte Sinnesorgan. Sie ist es, die „entscheidet" über den Geschlechtspartner, den wir wählen. Sie zeigt an, welches Gegenüber wir sympathisch oder unsympathisch finden. Der Duft von Zitrone verbessert unsere Konzentration. Kinder sind weniger aggressiv und viel entspannter, wenn es im Klassenzimmer nach Orange riecht. Unglaublich …

… und doch wieder nicht, wenn wir uns die Evolution ansehen. In den Anfängen der Menschwerdung hat das Riechen über Leben und Tod entschieden. Die Nase nahm den Geruch von Raubtieren wahr, noch bevor etwas zu sehen war – und das bedeutete dann „Nichts wie weg!" Essbares wurde erschnüffelt und auch Giftiges von Ungiftigem durch das Riechen unterschieden.

DER WEG VON DER NASE IN DIE SEELE

Was passiert nun genau, wenn wir etwas riechen? Die Duftmoleküle aus der Luft werden über die Nasenschleimhaut aufgenommen. Bereits ab dieser Stelle startet ein hochkomplizierter Vorgang im Kopf. Machen wir es möglichst einfach: Stellen Sie sich eine 4-spurige Autobahn vor, ohne Geschwindigkeitsbegrenzung, Stau, Baustelle, Ausfahrten und – das Wichtigste – ohne Verkehrskontrollen. Duftinformationen rasen sozusagen direkt in den ältesten Teil unseres Gehirns, in das limbische System. Die Großstadt Großhirn, bekannt für Kontrolle, Bewertung und Zensur, wird dabei geschickt umfahren, hat also keinen Einfluss auf das, was da von außen kommt.

Nach rasanter Fahrt werden die Duft-Informationen großzügig an die Bewohner am Zielort verteilt: an Gefühle wie Freude und Furcht, an Affekte wie Lachen, Wut und Ärger, an Motivation, Kreativität und Erinnerungen. So reagiert jeder Mensch in ganz einzigartiger Weise auf einen bestimmten

Duft – wie wir alle aus eigener Erfahrung wissen.

Jeder Pflanzenduft transportiert also einerseits bestimmte Informationen und Botschaften. Diese passen aber andererseits nicht immer in die aktuelle persönliche Lebenssituation. Nehmen wir folgendes an, um das zu verdeutlichen: großer Stress im Büro, Arbeitsbelastung hoch, Zeitdruck den ganzen langen Tag, die Gedanken rotieren, erste psychosomatische Anzeichen sind auch schon da. So oder ähnlich kennen das viele von uns. Die Düfte von Myrrhe und Sandelholz sind jetzt das Mittel der Wahl: Sie verlangsamen, beruhigen, erden, zentrieren, gleichen aus und harmonisieren. Doch in unserem Innersten zeigen alle Weichen genau in die andere Richtung. Wir sind mit absoluter Hochgeschwindigkeit unterwegs und können uns so einiges vorstellen – Ruhe und Besinnlichkeit aber gerade nicht.

Die Möglichkeiten, Düfte zu inszenieren, sind unendlich.

Was passiert also in dieser Situation? Unsere Seele dürstet nach einem entspannenden Dufterlebnis – und wir ignorieren das einfach. Der Duft wirkt trotzdem, auf der rein emotionalen Ebene. Die haben wir aber komplett ausgeblendet, sonst würden wir die ganze Hektik gar nicht aushalten. Viel tiefgreifender und besser wäre aber die Wirkung, wenn wir uns rational *und* emotional der Situation gegenüber öffnen würden.

Denn genau dann ergreifen wir aktiv die Chance, etwas ins Positive und Heilsame zu verändern: zum Beispiel den Abstand zwischen uns und dem drohenden Burnout zu vergrößern. Denn wie gesagt: Die Düfte wirken auf uns, wir gehen in unmittelbare Resonanz. Nur sollten wir gleichzeitig auch dafür sorgen, dass wir ihre Botschaften erkennen. Mithilfe eines bestimmten Duftes können wir unseren Seelenraum am besten öffnen und unsere inneren Bedürfnisse wahr- und ernstnehmen. Dann werden wir beschenkt mit Wohlbefinden, Gelassenheit, einer tief empfundenen Ruhe und inneren Bildern.

Heimische Kräuter und exotische Harze

Vor der Haustür, auf Wiesen und im Wald wächst eine Fülle an Räucherpflanzen. Im Folgenden werden die beliebtesten in alphabetischer Reihenfolge vorgestellt. Die Beschreibung der typischen und wichtigsten Merkmale hilft – neben dem Foto – beim Bestimmen, wenn Sie in freier Natur sammeln wollen. Zusammen mit einigen ausgewählten exotischen Hölzern und Harzen (ab S. 44) können Sie eine große Vielfalt an kreativen Mischungen herstellen.

ALANT *Inula helenium*
Korbblütengewächse | 0,6–2,5 m | Juli–September | mehrjährig

Anwenden Die kraftvolle Pflanze ist seit dem Mittelalter bekannt. Mit ihren ausladenden Blättern drängt sie einfach weg, was ihr in den Weg kommt. Sie vertreibt düstere Stimmungen, Niedergeschlagenheit und Stress-Symptome. Die Blütenfarbe symbolisiert Licht und Sonne. Eine Mischung wirkt dadurch leicht und erhellend. Die Wurzeln kräftigen, wenn wir uns seelisch wieder stärken wollen und das Bedürfnis nach Schutz und Behütetsein haben. Zusammen mit Beifuß (S. 31) und Eisenkraut (S. 32) erhalten wir eine balsamisch wärmende Duftkreation.
Sammeln Häufig als Zier- und Heilpflanze in Gärten, teilweise verwildert. Blätter unten filzig, Blütenkörbchen mit goldgelben, langen Zungenblüten. Die einzelnen Blüten im August ernten, die Wurzeln im Oktober ausgraben. Im Garten besser einzeln stehend als mit anderen Pflanzen im Kräuterbeet.

ANGELIKA, ENGELWURZ
Angelica archangelica
Doldengewächse | 1,5–2,5 m | Juli–August | zweijährig

Anwenden Der Stängel ist innen hohl. Das zeigt die durchlässige Verbindung zwischen Himmel und Erde. Genau dafür steht diese Pflanze: Das Sonnenlicht strömt bis in ihre Wurzeln, wir nehmen es symbolisch beim Räuchern in uns auf. Sehr aromatisch duftet der Samen. Alle Pflanzenteile stärken die Lebensfreude, wirken kräftigend und revitalisierend. Visualisieren Sie während der Räucherung einen schützenden Kreis aus Licht um Ihren Körper. Das lässt Sie zuversichtlicher nach vorne blicken.
Sammeln Wächst an Flussufern und Wiesen. Blüten in halbkugeligen Dolden, bauchige Blattscheiden, Stängel bis zu 10 cm dick. Im Garten besser einzeln stehend, benötigt viel Platz. Ab August die Blüten und die Samen ernten, ab Oktober die Wurzeln ausgraben.

BALDRIAN *Valeriana officinalis*

Baldriangewächse | 0,5–1,5 m | Juni–August | mehrjährig

Anwenden In der modernen Medizin gilt Baldrian als eines der besten Pflanzenheilmittel, die auf das Seelenleben wirken. Seine Wurzel macht zwar durch einen etwas eigentümlichen Duft auf sich aufmerksam, den nicht alle mögen. Dennoch: Baldrian ist eines der hilfreichsten Kräuter für Menschen, die unter Stress und innerer Unruhe leiden. Auch wenn wir uns unkonzentriert und gereizt fühlen, ist er das Mittel der Wahl. Versuchen Sie, sich auf den Duft einzulassen: Er bringt Denken und Fühlen in Einklang.
Sammeln Wächst in feuchten Wiesen und Wäldern. Auch gut im Kräuterbeet zu kultivieren. Blätter tief unpaarig gefiedert, Blüten in kugeliger Scheindolde. Die rötlich-weißlichen Blüten im August ernten, die gelbbraunen Wurzeln im Oktober.

BEIFUSS *Artemisia vulgaris*

Korbblütengewächse | 0,6–1,5 m | Juni–August | mehrjährig

Anwenden Beifuß gehört zu den bekanntesten Räucherkräutern. Er hat seinen Stammplatz in der indianischen (dort wird der Steppenbeifuß verwendet) und keltischen Räucherkultur. Schwere, dichte Energien löst er schnell auf. Früher wurden Ställe und Wohnräume in den Raunächten vom 24. Dezember bis zum 6. Januar zusammen mit Salbei (S. 40), Fichten-Harz und Wacholder (S. 42) von den tristen Energien des Winters gereinigt. Abends entspannt er und wärmt innerlich. In Phasen der Veränderung unterstützt er das Loslassen und den Neubeginn.
Sammeln Wächst üppig an sonnigen Standorten wie Wegen und Waldrändern. Zahlreiche längliche Blütenkörbchen in einer Rispe, unscheinbar. Blätter fiederspaltig. Im Juli und August ganze Stängel mit Blüten und Blättern ernten, die Wurzeln im Oktober.

DOST *Origanum vulgare*

Lippenblütengewächse | 0,2–0,6 m | Juli–September | mehrjährig

Anwenden Als Räucherkraut wird Dost, auch wilder Majoran genannt, eher vernachlässigt. Er kommt kaum über den Status einer Gewürzpflanze für die Küche hinaus. Dabei soll er schon zu biblischen Zeiten in Räucherungen zum Einsatz gekommen sein. Dost hält ein breites Wirkungsspektrum für uns bereit. Das kombiniert er auch noch mit einem wärmenden Aroma. Er beruhigt aufgewühlte Nerven, besänftigt und stärkt Mut und Ausdauer.
Sammeln Wächst an trockenen, sonnigen Hängen und Heckenrändern. Rosarote Blütchen in dichten Köpfchen, stark verzweigter Blütenstand. Blätter gegenständig. Kommt häufig wild im Garten vor, ist auch im Topf pflegeleicht zu kultivieren. Stängel samt Blüten und Blättern im August ernten.

EISENKRAUT *Verbena officinalis*

Eisenkrautgewächse | 0,3–1 m | Juli–September | einjährig

Anwenden In der keltischen Räucherkultur gehörte das Eisenkraut zu den beliebtesten Räucherpflanzen. Wenn wir uns erschöpft, müde, ausgelaugt oder arbeitsunlustig fühlen, bringt uns dieser Duft wieder in Schwung. Er inspiriert und stärkt innerlich. Wer meint, er braucht mehr Schutz und Abwehr, ist hier an der richtigen Adresse. In belebten Räumen wie Besprechungszimmern ist es förderlich, öfter mit Eisenkraut zu räuchern: Das „Diplomatenkraut" unterstützt ausgleichende Fähigkeiten und Kompromissbereitschaft.
Sammeln Wächst an Wegrändern, Mauern und Weiden. Zarte Blüten in schlanken Ähren, Farbe weißlich bis blass-lila. Stängel vierkantig. Im Juli und August die Stängel samt Blüten und Blättern ernten.

HOLUNDER *Sambucus nigra*
Geißblattgewächse | 3–7 m | Juni–Juli | mehrjährig

Anwenden Besonders aromatisch sind die Blüten: Sie entwickeln beim Räuchern eine sehr feine, blumige Duftnote. Eine Mischung mit Kamillen-Blüten (S. 35), Johanniskraut-Blüten (S. 34) und ein wenig Weihrauch (S. 49) können wir sehr gut in Heilungszeremonien einsetzen. Die Pflanze unterstützt dabei, Übergänge bewusst zu gestalten und lässt erkennen, wann die richtige Zeit für etwas gekommen ist. Insgesamt öffnet der Holunder das Herz, bringt Freude, gute Stimmung und weckt die Lebensgeister.
Sammeln Wächst strauchförmig in Wäldern, an Waldrändern, in Hecken, auf Schuttplätzen. Äste mit weißem Mark. Typisch ist der schirmförmige weiße Blütenstand. Im Frühjahr die stark duftenden Blüten bei voller Blüte ernten.

HOPFEN *Humulus lupulus*
Hanfgewächse | bis zu 8 m | Juli–August | mehrjährig

Anwenden Als traditionelle Heilpflanze wurde der Hopfen seit jeher bei Nervosität, Schlaflosigkeit und depressiven Verstimmungen eingesetzt. Genauso wirkt er auch beim Räuchern. Er besänftigt und wir fühlen uns mit seinem Duft innerlich ausgeglichener, ruhiger und gelassener. Der Duft mutet manchmal etwas „eigentümlich" an. Deshalb mischen wir ihn am besten mit etwas Lavendel-Blüten (S. 36) und Harzen wie Myrrhe (S. 48) oder Opoponax (S. 48). Wir können auch nur den Pollen aus den weiblichen Blütenähren verwenden. Bitte nur wenig Material verwenden.
Sammeln Selten wild vorkommend, meist kultiviert als rankende Kletterpflanze mit herzförmigen Blättern (3- bis 5-lappig). Zum Räuchern junge Blätter bereits im Frühjahr, die Hopfenzapfen dann ab August ernten.

JOHANNISKRAUT *Hypericum perforatum*
Johanniskrautgewächse | 0,5–1 m | Juni–August | mehrjährig

Anwenden Früher gehörte das Johanniskraut zu den ganz wichtigen Heil- und Räucherpflanzen. Heute ist es hauptsächlich für seine Wirkung bei depressiven Verstimmungen bekannt und wird in einigen Medikamenten verabreicht. Die Pflanze steht symbolisch für Licht und Sonne. Geräuchert zieht sie den grauen Schleier von der Seele und hebt die Stimmung. Zusammen mit den Blüten der Königskerze (S. 36), mit Salbei-Blättern (S. 40) und etwas Weihrauch (S. 49) oder Mastix (S. 48) neutralisiert der Duft eine niedergeschlagene oder angespannte Stimmung.
Sammeln Ist auf mageren Weiden zu finden, auf Brachflächen und in trockenen Waldlichtungen. Stängel mit zwei Längsleisten, gelbe Blütenstände doldenartig, zerquetschte Blüten werden rot. Die Blüten ab Sonnwend (21. Juni) ernten, jedoch immer voll aufgeblüht.

KALMUS *Acorus calamus*
Kalmusgewächse | 0,6–1,2 m | Juni–Juli | mehrjährig

Anwenden Die Pflanze ist bereits seit dem Altertum ein beliebtes Räucherwerk. Ihr würziger, holzig-erdiger Duft darf in keiner Mischung fehlen, die uns wieder zu Kräften bringen und regenerieren soll, zum Beispiel in Phasen der Erschöpfung oder nach einer Krankheit. Auch wenn wir uns innerlich ausgelaugt und geistig etwas ermattet fühlen, stärkt die Wurzel – pur geräuchert. Das Aroma vermittelt Kraft und wir spüren wieder, wie es ist, im Vertrauen zu sein. In der indianischen Räuchertradition wird Kalmus zu Reinigungszwecken bei Zeremonien verwendet.
Sammeln In Sümpfen, an Seeufern oder langsam fließenden Gewässern, auch in Gartenteichen gut zu kultivieren. Schwertförmige Blätter. Zum Räuchern wird nur der bis zu 3 cm dicke Wurzelstock verwendet, diesen im Oktober ausgraben.

ECHTE KAMILLE *Matricaria recutita*
Korbblütengewächse | 0,15–0,5 m | Juni–August | einjährig

Anwenden Sie gehört zu den ältesten bekannten Heilpflanzen und ist weltweit verbreitet. Bei einer Heilräucherung darf sie nicht fehlen: Auch ist sie ein wunderbares Anti-Stressmittel, entspannt die Nerven und schenkt uns eine innere wohlige Ruhe. Ihren Duft mögen die meisten Menschen, kaum jemand reagiert ablehnend darauf. Er umhüllt, schenkt emotionale Zuwendung und wirkt ausgleichend und harmonisierend.
Sammeln Wächst an Weg- und Straßenrändern. Blätter 2-3–fach gefiedert, Blütenkörbchen aus weißen Zungen- und gelben Röhrenblüten. Blüten im August ernten. Die verwandte Ackerhundskamille sieht zwar ähnlich aus, duftet aber beim Zerreiben nicht.

KORIANDER *Coriandrum sativum*
Doldengewächse | 0,2–0,6 m | Juni–Juli | einjährig

Anwenden Der Koriander stammt ursprünglich aus dem Mittelmeerraum, ist heute jedoch weltweit kultiviert. Wir treffen ihn häufig in Kräutergärten an. Die Samen werden in einem Mörser leicht gequetscht, damit sie ihren süßlichen, leicht holzigen und moschusartigen Duft beim Räuchern entfalten können. Bei den Griechen und Römern wurde er vor allem wegen seiner aphrodisierenden Wirkung geschätzt. Der Duft hat etwas Erwärmendes und passt wunderbar in eine stimmungsvolle Wintermischung. Gleichzeitig wirkt er anregend und klärend.
Sammeln Auf Äckern und Unkrautfluren zu finden, gut zu kultivieren im Topf oder Kräuterbeet. Blüten weiß bis hellrosa. Daraus bilden sich kugelige, gerippte Samen. Diese Samen einfach im Juli und August sammeln.

KÖNIGSKERZE *Verbascum densiflorum*
Braunwurzgewächse | 1–2 m | Juni–August | zweijährig

Anwenden Früher wurde der Königskerze eine wichtige Schutzfunktion vor Unwettern und bösen Geistern zugesprochen. In den traditionellen Kräuterbuschen vom 15. August war und ist sie die alles überragende Mitte, um die herum die anderen Kräutlein gebunden werden. Sie neutralisiert eine als unangenehm und bedrückend empfundene Atmosphäre. Auch reinigt sie Räume auf einer energetischen Ebene und baut belastende Spannungen ab. Mit ihrer gelben Blütenfarbe ist sie ein wunderschöner Bestandteil in einer Wintermischung – als Symbol für Licht und Sonne.
Sammeln Wächst an Wegrändern, auf Waldlichtungen und Schutthalden. Im 1. Jahr nur als Blattrosette mit dicht filzigen und behaarten Blättern. Im 2. Jahr mit ährenartigem gelbem Blütenstand. Blattränder am Stiel herablaufend. Kommt gerne wild aus der kleinsten Ritze. Im Sommer die einzelnen, gelben Blüten ernten.

LAVENDEL *Lavandula angustifolia*
Lippenblütengewächse | 0,5–1 m | Mai–Juli | mehrjährig

Anwenden Fast können wir meinen, in jedem Frühjahr tauchen neue Lavendel-Sorten in den Gärtnereien auf. Die Vielzahl an herrlichen blau-lila-rosa und sogar weißen Blüten und ihr Duft erfreuen immer wieder. Pur eine Handvoll Blüten auf ein Kräuterstövchen mit Lavasteinen gelegt, betört fast jeden. Der Duft vereint zwei wunderbare Eigenschaften in sich: Er beruhigt und sorgt gleichzeitig für einen klaren, wachen Geist. Auch bei Raumreinigungen wird er gerne eingesetzt, um Altes loszulassen und Neues zu begrüßen.
Sammeln Überwiegend als Nutz- und Zierpflanze im Garten kultiviert. Blätter filzig behaart, Blütenstand aus vielen Einzelblütchen an langem Stiel. Die Blütenstände im Sommer ernten, sobald sie in der oberen Hälfte aufgeblüht sind.

ABENDLÄNDISCHER LEBENSBAUM *Thuja occidentalis*
Zypressengewächse | bis zu 20 m | August–Oktober | mehrjährig

Anwenden Dieser Nadelbaum mit seinem säulenartigen Wuchs ist nicht einheimisch, aber heute sehr verbreitet. Der Duft beim Räuchern ist herb, erinnert an Wald und wirkt sehr klärend und reinigend. Er hilft, wieder zu Kräften zu kommen, wenn wir uns überfordert und gereizt fühlen. Bei der inneren Einnahme wirkt *Thuja* giftig, das Räuchern ist jedoch unbedenklich. Lüften Sie dennoch gut nach dem Räuchern durch – oder räuchern Sie besser gleich draußen im Freien.
Sammeln Häufig kultiviert als immergrüner Baum oder Strauch in Gärten oder als Hecke. Schuppenförmige unscheinbare Blättchen gegenständig an den Zweigen mit männlichen und weiblichen Zapfen. Nur die Zweigspitzen im Sommer und Herbst ernten.

LORBEER *Laurus nobilis*
Lorbeergewächse | 2–20 m | März–April | mehrjährig

Anwenden Bereits wenn der Lorbeerstrauch von warmen Sonnenstrahlen beschienen wird, verströmt er großzügig sein Aroma – und zieht uns an. Die Überlieferung erzählt, dass im Orakeltempel von Delphi Bilsenkraut und Lorbeer zur Förderung der Hellsichtigkeit geräuchert wurden. Lorbeer hat eine klärende Wirkung und wird bei Räucherungen eingesetzt, die persönliche Entwicklungsprozesse unterstützen sollen. Der Duft fördert Ideen und Visionen, regt den Tatendrang an und stärkt Handlungsimpulse.
Sammeln Wächst im Mittelmeergebiet in Wäldern, bei uns als Kübelpflanze. Blüten gelblich weiß in Büscheln. Nur die immergrünen, harten Blätter ernten – das ganze Jahr über.

MÄDESÜSS *Filipendula ulmaria*
Rosengewächse | 0,5–1 m | Juni–August | mehrjährig

Anwenden Diese Staude beeindruckt über die zarte Optik der Blüten und ihren betörenden Duft. Mädesüß ist ein Symbol für den Neuanfang: Es bringt wieder in Fluss, was erstarrt ist, tröstet und baut innere Stärke auf. So markiert es auch neue Abschnitte im Leben, wie den Wechsel von Arbeitsplatz oder Wohnung. Traditionell ist es eine ganz wichtige Pflanze beim Übergang eines Mädchens zur Frau und eignet sich daher sehr schön für eine Ritualräucherung.
Sammeln Kommt in Gräben, an Ufern, in Feuchtgebieten vor. Stängel kantig, Blütenrispen mit zahlreichen kleinen, gelbweißen, stark duftenden Blüten. Eher im Beet anbauen, als in einem Kübel. Öfters gießen. Junge Blätter im Frühjahr ernten, die Blüten im Sommer.

MELISSE *Melissa officinalis*
Lippenblütengewächse | 0,5–0,8 m | Juni–August | mehrjährig

Anwenden Bekannt auch als Zitronenmelisse, erfreut die Pflanze fast jeden mit ihrem erfrischenden Aroma. Ihr Duft ist sehr zart und macht Lust auf mehr. Seine Wirkung ist sehr vielfältig: Wir spüren etwas Umhüllendes, Schützendes, Stärkendes. In einer etwas melancholischen Stimmung verscheucht die Melisse die trägen Gedanken. Sie öffnet das Herz und macht uns geistig widerstandsfähiger. Ihr feiner, zarter Duft verfliegt beim Räuchern schnell.
Sammeln Verwildert an warmen Plätzen, sehr leicht im Garten oder in großen Kübeln zu kultivieren. Blätter eiförmig, gerippt, stark nach Zitrone duftend. Kleine weiße Lippenblütchen, nach einer Seite ausgerichtet. Die ganzen Stängel samt Blättern vor der Blüte ernten, denn der Duft ist dann intensiver.

MINZEN *Mentha-Arten*

Lippenblütengewächse | 0,3–1 m | Juli–September | mehrjährig

Anwenden Minzen sind sehr beliebte Kulturpflanzen. Wir finden unter ihnen fast abenteuerliche Züchtungen wie Schoko-, Ananas- und Feigenminze. Beim Räuchern der Blätter und Stängel nehmen wir die kühlenden Eigenschaften als erfrischend und energetisierend wahr. Der Duft hilft uns, den Alltag kraftvoll anzugehen, er bringt ins Tun, lässt uns präsent sein und schärft den Geist.
Sammeln Kommen wild vor als Acker-, Wasser- oder Rossminze. Krause Minze oder Pfefferminze hauptsächlich kultiviert, gelegentlich verwildert. Wuchern im Beet stark, deswegen besser im Kübel ziehen. Stark verzweigte, vierkantige Stängel. Die stark duftenden Blätter mit gegenständigen, weiß bis hell-lilafarbigen Blütenständen im August ernten.

MISTEL *Viscum album*

Mistelgewächse | kugelförmig | Januar–Dezember | mehrjährig

Anwenden Die Mistel fasziniert seit jeher, so wie sie da zwischen Himmel und Erde fast schwerelos in den Bäumen hängt. Genau das überträgt sich beim Räuchern: Sie bringt Leichtigkeit, wo sich schwere und langsam schwingende Energien eingeschlichen haben, sie transformiert und neutralisiert. Das ist eine ganz wertvolle Eigenschaft für Orte, die unter Erdstrahlen oder einer unangenehmen elektrischen Spannung leiden. Gleichzeitig beruhigt die Mistel und kann uns schöne Träume schenken.
Sammeln Kommt als Halbschmarotzer häufig auf Bäumen und Sträuchern vor. Grünlich- gelbe unscheinbare männliche sowie weibliche Blüten auf unterschiedlichen Pflanzen. Im Winter weiße oder gelbliche Beerenfrüchte. Stängel, Blätter und Beeren im Herbst und Winter ernten.

ROSMARIN *Rosmarinus officinalis*
Lippenblütengewächse | 0,5–1,5 m | Januar–Dezember | mehrjährig

Anwenden Schon von Ägyptern und Griechen wurde dieser kleine Strauch beim Ausräuchern von Räumen und Ställen geschätzt. Wenn wir im Sommer über Rosmarin streichen, betört der kräftig-aromatische Duft sofort. Beim Räuchern fühlen wir uns angeregt und gestärkt, der Geist wird geklärt. Rosmarin übersieht die alten Wunden nicht, sondern deckt sie auf und heilt sie. Wir spüren neue Motivation, denn er führt uns weg von Trauer und Niedergeschlagenheit.
Sammeln Im Mittelmeerraum heimisch, heute aber weit verbreitete Heil- und Zierpflanze. Immergrüner, stark duftender Kleinstrauch, leicht im Beet und Topf zu kultivieren. Im Winter vor Frost und Kälte schützen. Blätter nadelartig. Blüten zart, rosa bis lila blühend. Die ganzen Stängel im August ernten.

SALBEI *Salvia officinalis*
Lippenblütengewächse | 0,2–0,7 m | Mai–August | mehrjährig

Anwenden Salbei hat in fast allen Kulturen seinen angestammten Räucherplatz, hauptsächlich zum Neutralisieren von schlechten Gerüchen und dichten Energien. Er ist einfach zu räuchern: ein Blättchen über einer Kerze anglimmen, schon verströmt er sein würziges Aroma. Sehr beliebt ist der Weiße Salbei (*S. apiana*), auch Indianersalbei genannt: Er ist viel aromatischer. Fächeln Sie einmal Ihrem Besuch, den Kindern nach der Schule oder sich selbst diesen Duft um den Körper. Belastende Gedanken und Emotionen lösen sich auf, wir fühlen uns wie befreit.
Sammeln Bei uns kultiviert als Gewürz- und Heilpflanze. Blätter immergrün und runzelig sowie silbrig glänzend, Blüten rosa-lila. Von Juli bis September die ganzen Stängel ernten.

SCHAFGARBE *Achillea millefolium*
Korbblütengewächse | 0,2–1,2 m | Juni–Oktober | mehrjährig

Anwenden Die Schafgarbe ist fast jedem vertraut. Ihr Duft ist eher zurückhaltend und zart, so wie es oft unsere Intuition oder innere Stimme ist. Genau an dieser Stelle setzt die Wirkung der Schafgarbe an: Sie holt das hervor, was wir intuitiv spüren, sie fördert das visionäre Denken. Unsere Ahnen setzten ihren Duft ein, um zu orakeln und in die Zukunft zu schauen. Zum Räuchern verwenden wir die Blüten sowie die Blättchen.
Sammeln Sehr häufig, auf Wiesen, Weiden, an Ackerrändern. Stängel zäh und kantig. Blüten weiß und filigran, bilden einen doldenähnlichen Blütenstand. Blätter zerrissen wirkend, fein verästelt. Blätter und Blüten im August ernten.

SÜSSGRAS *Hierochloe odorata*
Süßgrasgewächse | 0,3–0,5 m | Juni–September | mehrjährig

Anwenden Bei uns ist es auch unter dem Synonym *Mariengras* bekannt. Ein Verwandter, das echte *Süßgras aus Nordamerika*, ist aromatischer: Sein betörender Duft erinnert an getrocknetes Heu. Es gibt kaum jemanden, der darauf nicht positiv reagiert. Leichtigkeit, Wärme und Gemeinschaft verbinden wir mit diesem Aroma. Es öffnet die Herzen und erfreut. In der indianischen Räuchertradition fester Bestandteil.
Sammeln Eingebürgert, wild wachsend an Flussufern. Grasartig, eng beieinanderstehende Stängel. Wuchert gerne, kann gut im Topf gehalten werden. Nicht winterhart. Gut feucht halten. Im August und September die ganzen Grashalme ernten.

THYMIAN (QUENDEL) *Thymus vulgaris*
Lippenblütengewächse | 0,1–0,3 m | Mai–August | mehrjährig

Anwenden Thymian wächst ganz unkompliziert zu schönen Polstern heran. Unsere Ahnen haben ihn zum Schutz vor Krankheiten geräuchert, jedoch auch um Mäuse und anderes „Ungeziefer" zu vertreiben. Sein Duft mobilisiert den Überlebenswillen und die Durchsetzungskraft: Er weckt ein inneres Feuer, das uns durchhalten lässt und Mut vermittelt, bis es irgendwann wieder bergauf geht. Für Kinder, die sich wenig zutrauen, schüchtern und zurückhaltend sind, ist das ideal. Sie fühlen sich wieder mehr unterstützt, das Selbstvertrauen wächst. Thymian hilft auch, sich besser abzugrenzen.
Sammeln Gelegentlich wild auf mageren Wiesen und Wegrändern. Gut zu kultivieren in der Kräuterspirale oder in einer großen Schale. Bildet flächige Polster, die an der Basis verholzen. Blätter klein und länglich, sehr aromatisch duftend. Blüte rosafarben. Blätter sowie Blüten im August ernten.

WACHOLDER *Juniperus communis*
Zypressengewächse | bis zu 4 m | August–Oktober | mehrjährig

Anwenden Seine Verbreitung in ganz Amerika, Europa und Asien macht den Wacholder zu einer der bekanntesten Räucherpflanzen. Wir nutzen ihn für kräftige Reinigungsräucherungen zusammen mit Beifuß (S. 31), Salbei (S. 40), Weihrauch (S. 49) und Kampfer. Er macht auch wach, wirkt klärend, stärkt Konzentration und Willenskraft. Wenn wir in Gefahr sind, uns in Emotionen zu verlieren, dann zentriert uns Wacholder und führt in innere Stabilität.
Sammeln Wächst auf mageren Wiesen, Heiden und in trockenen Wäldern. Nadeln spitz, stechend. Zum Räuchern alle Teile verwenden: Triebspitzen, Holz, Nadeln und Beeren, diese zwischen August und Oktober ernten. Nadeln am besten mahlen oder kleinschneiden.

WERMUT *Artemisia absinthium*
Korbblütengewächse | 0,6–1,2 m | Juli–September | mehrjährig

Anwenden Er ist einer der beliebtesten Räucherkräuter und hat einen Stammplatz in allen wichtigen Räucherkulturen. Der aromatische Duft lässt keinen unberührt, öffnet und bringt uns wieder in Schwung, wenn wir etwas erstarrt oder träge sind. Wermut motiviert und führt zu neuer Lebensfreude. Auch in Phasen des Loslassens, der Lebensveränderungen und des Abschiednehmens ist sein Duft ein wunderbarer, sanfter Begleiter.
Sammeln Wächst wild, meist üppig, neigt im Garten zum Wuchern. Kleinstrauch mit kugeligen, unscheinbaren, grünlich-gelben Blütenkörbchen. Ganze Pflanze graufilzig behaart, aromatisch duftend. Die ganzen Stängel samt Blättern und Blütenrispen im August ernten.

YSOP *Hyssopus officinalis*
Lippenblütengewächse | 0,2–0,8 m | Juli–Oktober | mehrjährig

Anwenden Ysop wird bereits in der Bibel zur Reinigung von Häusern und Tempeln erwähnt. Er zeigt sich im Kräuterbeet mit schönen Farben von tiefblau bis lila, rosarot und weiß. Zusammen mit Thymian (S. 42) gehört er zu den Räucherkräutern, die uns durchhalten lassen, die uns in Krisenzeiten wieder Richtung und Sinn geben. Sein Duft lässt auf einer tiefen Seelenebene eine lebensspendende Kraft und Vitalität spüren, er erwärmt. Auch bei Schwierigkeiten der Konzentration hilft er, bei der Sache zu bleiben und sich zu fokussieren.
Sammeln Gelegentlich wild an trockenen Hügeln und Felsen. Aufrechter, buschiger, kleiner Strauch, an der Basis verholzt. Blüten als einseitswendige Traube. Blätter länglich. Kann im Kräuterbeet und im Topf gezogen werden. Die ganzen Stängel samt Blüten im August ernten.

ADLERHOLZ *Aquilaria agallocha*

Seidelbastgewächse | bis zu 40 m | immergrüner Laubbaum | Asien

Anwenden Das verharzte Holz des Adlerholz-Baumes liefert eines der seltensten und kostbarsten Räuchermittel. Von balsamisch-schwer, holzig-animalisch, modrig-erdig bis zu würzig und süßlich wird sein Aroma beschrieben. Kein anderer Duft dringt so tief in die Seele. Er stoppt unmittelbar das Gedankenkarussell und betört Körper und Geist mit seiner unendlich langsamen, tiefen Schwingung. Mit diesem Duft finden wir abends zur Ruhe und leichter in den Schlaf.
Einkaufen Es gibt etwa sechs Qualitäten. Die teuerste und duftintensivste ist Adlerholz *sink*. Nur in kleinen Spänen zu bekommen, wird meist nur 1 g-weise verkauft, da sehr teuer; ist jedoch sparsam in der Anwendung: Die Größe eines Reiskorns reicht für eine Räucherung aus. Im gut sortierten Handel sind auch ganz kleine Späne zu bekommen, die sich für hochwertige Mischungen eignen.

BENZOE SIAM, BENZOE SUMATRA
Styrax benzoin

Storaxgewächse | bis zu 20 m | immergrüner Laubbaum | Asien

Anwenden Harz des Benzoe-Baumes. Es stammt hauptsächlich aus Indonesien und zeichnet sich durch einen lieblichen, leicht vanilligen Duft aus. Pur geräuchert kann es einen Hustenreiz auslösen: Also bitte nicht direkt die Nase in den Rauch halten, sondern immer nur eine kleine Prise in eine Mischung geben. Wurde früher bei Erkältungskrankheiten und Bronchitis als medizinisches Räuchermittel eingesetzt. Der Duft wirkt sehr sinnlich, er wird auch als beruhigend und tröstend empfunden.
Einkaufen Gute Qualität zeichnet sich durch mandelartige Stücke aus, die außen gelbbraun und innen weißlich sind. Die sogenannte Block-Benzoe ist nicht ganz so hochwertig. Benzoe bitte nicht mit dem Styrax- oder Storax-Harz (*Styrax officinalis*, Storaxgewächse) verwechseln.

BERNSTEIN Succiunum, Succinit
Fossiles Harz | verschiedene Laub- und Nadelbäume | weltweit

Anwenden Bernstein ist ein Sammelbegriff für fossiles Harz, das von ganz unterschiedlichen Stammpflanzen produziert wurde: Nadelbäumen wie Laubbäumen. Wir kennen hauptsächlich den Bernstein, der an den Ostsee-Küsten angeschwemmt wird. Geräuchert entwickelt er je nach Herkunft verschiedene Duftrichtungen. Das Spektrum reicht von würzig, pinien- bis zu gummiartig. Er wird auch als *Sonnenstein* bezeichnet, wirkt er doch sanft umhüllend und stärkt das Vertrauen in die eigene Intuition.
Einkaufen Vorsicht zählt, denn es gibt minderwertigen Pressbernstein, der künstlich gefärbt ist: zu erkennen an gleichmäßigen Stücken und glatten Schnittstellen. Eine gute Qualität hat die Farbe von Gold und Honig. Bernstein ist auch als *Amber* oder *Ambra* erhältlich. Nicht zu verwechseln mit dem Stoffwechselprodukt von Walen, das auch Amber genannt wird und in der Parfümindustrie zum Einsatz kommt.

HUICHOL COPAL
Balsamstrauchgewächse der Gattung *Bursera* | immergrün | Mexiko

Anwenden Der *Huichol Copal* ist etwas ganz besonderes und sehr rar. Er wird von den Huichol-Indianern während der Trockenzeit im Regenwald gesammelt, die Harze unterschiedlicher Regenwaldbäume werden eingeschmolzen, von Rindenstückchen gereinigt, in Maisblätter gegossen und an beiden Enden zugebunden. Erst wenn er in einer Zeremonie geweiht wurde, kommt er in den Handel. Sein Duft ist so außergewöhnlich wie das Ernteritual. Er ist tief und erdend und kann Heilungsimpulse vermitteln.
Einkaufen Nur im gut sortierten Räucherwarenhandel erhältlich. Große, längliche Stücke in einem Maisblatt, 45–70 g schwer. Dunkelbraunes Harz mit einem Messer etwas abschaben, direkt auf das Sieb oder die Kohle. Der Duft ist pur am besten!

SCHWARZER COPAL Copal negro
Balsamstrauchgewächse der Gattung *Bursera* | immergrün | Mexiko

Anwenden Der *Copal negro* hat einen tiefen, dunklen, schweren, balsamischen Duft. Er wirkt sehr beruhigend und erdend und spielt heute in Südamerika immer noch eine große Rolle bei Ritualen und Zeremonien, besonders wenn es um den Kontakt mit Verstorbenen geht. Eine Mischung mit Sandelholz (S. 49), Vanille und Benzoe *Siam* (S. 44) nimmt dem Duft die Tiefe, entspannt und eignet sich deswegen als eine Abendräucherung, die verlangsamen und müde machen soll.
Einkaufen Das Harz ist innen dunkelbraun, außen eher graubraun. Bei guter Qualität darf an den etwa walnussgroßen Stücken auch etwas Rinde sein, ansonsten ist die Ware auch mal sehr zerbröselt vom Transport, was aber keinen Einfluss auf die Qualität hat.

WEISSER COPAL Protium Copal
Balsamstrauchgewächse Gattung *Bursera* | immergrün | Mexiko

Anwenden Copal ist kein botanischer Begriff, sondern entspricht eher dem Sammelgut von Harzen verschiedenster Herkunft. Deswegen können die Stammpflanzen nicht eindeutig zugeordnet werden. Überwiegend stammt Copal von sehr harzhaltigen Balsamstrauchgewächsen, wovon es sehr viele gibt. Der echte, *weiße Protium Copal*, auch *Copal blanco* genannt, ist das Harz des Copal-Baumes und kommt nur in Südmexiko vor. Es gilt als das edelste und begehrteste Räucherharz. Der leichte, zitronige Duft wird von vielen als Alternative zu Weihrauch sehr geschätzt. Er stärkt und fördert die Konzentration sowie die geistige Klarheit. Am besten kleine Stückchen auflegen.
Einkaufen *Protium Copal* ist im gut sortierten Handel erhältlich und zu erkennen an der weißen Farbe und einem sehr feinen Duft.

DAMMAR *Canarium strictum*

Balsambaumgewächs | baumförmig | mehrjährig | Tropen

Anwenden Der feine, leicht zitronige und frische Duft ist eine Wohltat für die Seele. Besonders ist er bei jenen Menschen beliebt, die sich mit Weihrauch schwer tun, aber eine ähnliche Wirkung erzielen wollen. Dammar ist ein „Seelenaufheller" und wird gerne eingesetzt, um Stimmungsschwankungen auszugleichen. Er zieht die Schleier der Traurigkeit von der Seele, bringt Erstarrtes zum Fließen und hat insgesamt eine belebende und energetisierende Note. Das Harz lässt sich sehr gut mit verschiedenen Kräutern mischen.

Einkaufen Früher kam das Harz hauptsächlich aus Malaysia. Dort wurde es von einem Nadelbaum namens *Damar* geerntet. Heute wird aber auch das Harz des indischen Weihrauchbaumes als Dammar bezeichnet. Wichtig ist: eine klare, gelblich-reine Konsistenz in Erbsengröße.

LABDANUM *Cistus cyprius*

Zistrosengewächse | buschiger Strauch | Mittelmeerraum | mehrjährig

Anwenden Das Harz der Zistrosen ist zäh und klebrig. Der Duft umfasst ein sehr breites Spektrum: von blumig, fruchtig, vanillig, lieblich bis hin zu schwer, erdig, holzig, modrig. Die einen können gar nicht genug davon bekommen, die anderen rümpfen eher die Nase ... Er lässt also keinen unberührt – und es lohnt sich umso mehr, sich mit ihm anzufreunden. Das Aroma bewegt uns auf einer tiefen Ebene und spricht alle Sinne an. Für sinnlich-aphrodisierende Räucherungen, auch zum Entspannen.

Einkaufen Eine gute Qualität duftet bereits durch die Tüte oder aus der Dose, selbst im nicht erwärmten Zustand. Am besten im Kühlfach aufbewahren und vor Gebrauch mit einem Messer zu den Kräutern oder direkt auf Stövchen oder Räucherkohle schaben.

MASTIX *Pistacia lentiscus*
Sumachgewächse | strauchartig | 1–3 m | immergrün | mehrjährig | Chios (griechische Insel)

Anwenden Die durchsichtigen, kleinen, hellgelben Harzkörnchen sind sehr beliebt – und teuer. Mastix ist das Harz des wilden Pistazienbaumes. Es in Kräutermischungen zu verwenden ist Luxus pur: Es hebt den Duft der Kräuter auf sehr aromatische Art, ohne ihn zu dominieren, was leicht bei Olibanum/Weihrauch passieren kann. In handelsüblichen Mischungen wird Mastix kaum verwendet, dazu ist es einfach zu teuer. Es verkörpert Licht und Sonne und wird besonders Menschen empfohlen, die sich schwertun, mit Leichtigkeit durchs Leben zu gehen.
Einkaufen Hier ist Vorsicht geboten. Da Mastix einen hohen Preis hat und tendenziell noch teurer wird, ist gefälschte Ware auf dem Markt. Sie erkennen sie an kleinen, dumpfen Kügelchen. Gute Qualität ist durchsichtig und hat eine helle, gelbe Farbe. Der Duft ist zitronig, leicht und frisch. Sehr empfehlenswert für Menschen, die Weihrauch nicht mögen.

MYRRHE *Commiphora myrrha, C. molmol*
Balsambaumgewächse | strauchartig | bis zu 3 m | Nordafrika

Anwenden Das Harz des Myrrhe-Baumes war zusammen mit Weihrauch in den alten Räucher-Hochkulturen sehr bedeutsam. Es hat einen herben, tiefen Duft und gilt als Symbol für Weiblichkeit und Erde. Ein ähnliches Harz begegnet uns mit **Opoponax** *(Opoponax chironium, Commiphora erythreae)*, das auch als „Süße Myrrhe" bezeichnet wird.
Einkaufen Von Pulver über kleine Körner bis zu walnussgroßen Stücken ist Myrrhe im Handel erhältlich. Die beste Qualität sind die größeren Stücke. Beide Harze wirken erdend, zentrierend, beruhigend. In sinnlichen Abendmischungen schön mit Rosen-Blättern und Sandelholz (S. 49). Rindenstückchen bedeuten lediglich, dass sie nicht gereinigt und zerkleinert wurden. Der Duft kann je nach Herkunftsland (Kenia, Somalia, Äthiopien) variieren.

OLIBANUM, ECHTER WEIHRAUCH
Boswellia-Arten (wie *B. carteri, B. serrata, B. sacra*)
Balsamstrauchgewächse | 1,5–8 m | Nordafrika, arabische Halbinsel

Anwenden Der echte Weihrauch war im Altertum eines der wichtigsten Räucherharze. Er wird durch Einritzen der Bäume an der Rinde gewonnen. Die erste Ernte ergibt nur minderwertiges Harz, erkennbar an stecknadelkopfgroßen Kügelchen. In den Herkunftsländern wird damit nicht geräuchert, es kommt bei uns allerdings in den Handel. Weihrauch wird zu reinigenden, medizinischen wie spirituellen Zwecken geräuchert. Sein Duft ist frisch-zitronig, er neutralisiert schwere Energien und trübe Gedanken. Er macht wach, konzentriert und reinigt die Atmosphäre.
Einkaufen Achten Sie darauf, dass es sich nicht um gefärbte und parfümierte Harzkügelchen mit klangvollen Namen handelt. Hochwertige Sorten kommen aus dem *Oman*, dem *Jemen* und *Somalia*. Sie haben eine tränenartige Form und sind fast gelblich durchsichtig, manchmal sogar leicht grünlich oder braun.

WEISSES SANDELHOLZ *Santalum album*
Sandelgewächse | bis zu 10 m hoher Baum | Indien

Anwenden Die kleinen Rindenspäne sind begehrt und kostbar. Pur geräuchert ist der Duft betörend, jedoch schwer zu beschreiben. Er besitzt eine sehr harmonisierende Wirkung, ermöglicht eine ausgeglichene Stimmung und eignet sich sehr gut zur Begleitung von Meditation und Gebet. Sehr luxuriös ist Sandelholz *ballon dust*. Das ist der Holzstaub, der bei der Herstellung ätherischen Sandelholz-Öles anfällt. Ebenfalls pur geräuchert oder auch in Mischungen entsteht ein beeindruckendes Dufterlebnis von Wärme, Sinnlichkeit und Wohlbehagen.
Einkaufen Die Bestände werden knapper, die Qualität schwankt je nach Erntejahr. Ganze Rindenstücke, häufig auf orientalischen Märkten erhältlich und sehr parfümiert riechend, sind nicht zum Räuchern geeignet. Sandelholz *ballon dust* gibt es oft nur auf Nachfrage im gut sortierten Handel.

MISCHUNGEN AUS DEN PORTRÄTIERTEN RÄUCHERSTOFFEN

REINIGUNG UND KLARHEIT
1 TL Angelika-Wurzel | 1 TL Lavendel-Blüten | 1 TL Salbei | ½ TL Wermut | ½ TL Weihrauch

Räume können die Energie von Menschen, Stimmungen und Situationen aufnehmen. Überall, gerade in stark frequentierten Situationen wie in Warte- oder Behandlungszimmern, in Ladengeschäften oder in Konferenz- und Besucherräumen sammeln sich diese Schwingungen im Lauf der Zeit an. Besonders Heilpraktiker haben häufig den Wunsch, nach der Arbeit mit einem Patienten, der seine Sorgen loslassen konnte, für eine klare Atmosphäre zu sorgen. Natürlich gilt das auch für zuhause oder im Büro.
Legen Sie zur Reinigung der Atmosphäre entweder 1-2 TL der Mischung auf ein Stövchen und lassen Sie den feinen Rauch etwa 30 Minuten auf den Raum einwirken. Oder legen Sie etwas der Mischung auf die Räucherkohle, räuchern Sie damit den Raum 10-15 Minuten gut aus und lüften Sie danach ausgiebig.

KONZENTRATION
1-2 TL Lavendel-Blüten | 1 TL Salbei | 1 TL Dammar

Diese Mischung eignet sich sehr gut, um sich für langes, konzentriertes Arbeiten zu rüsten oder für einen Frische-Kick, wenn sich der nachmittägliche Durchhänger einstellen will. Wer auf einen eigenen Kräuterbestand zurückgreifen kann, reichert die Mischung an mit Rosmarin, Thymian, Minze (je 1 TL). Das sind belebende, erfrischende Duftaromen, die in Schwung bringen und die Tatkräfte aktivieren. Der Duft eignet sich auch sehr gut für Kinder, wenn sie an den Schulaufgaben sitzen oder lernen.
Zur Hallo-Wach-„Droge" wird die Mischung mit einer zusätzlichen Prise Kampfer oder Menthol. Dazu nehmen Sie jeweils nur eine kleine Messerspitze. Wenn Sie mehr verwenden, ist die Wirkung zu stark und kann beißend sein.

ABSCHIED UND LOSLASSEN
1 TL Salbei | 1 TL Wermut | 1 TL Weihrauch | 1 TL Dammar

Um Neues im Leben begrüßen zu können oder leichter mit Veränderungen umzugehen, ist es wichtig, Altes und Blockierendes bewusst zu verabschieden. Dabei kann Sie diese Mischung sehr gut unterstützen. Der Duft ist herb und frisch, wobei der Wermut alles mit einer warmen Aromanote ergänzt. Sie können eine Räucherung mit einem kleinen Ritual verstärken: Notieren Sie sich das, was Sie verabschieden und loslassen wollen auf kleine Zettelchen und verbrennen Sie diese in einer Feuerschale.

Manchmal kann es sein, dass unser inneres Empfinden den Duft ablehnt. Nicht gleich aufgeben! Warten Sie die nächsten Duftimpulse ab. Geben Sie der Seele Zeit, sich von Altem und Überholtem zu trennen. Das kann innerlich aufwühlen. Wogegen wir uns tatsächlich wehren, sind oftmals die Themen, die sich durch den Duft im Inneren zeigen.

BALSAMISCHE ABENDSTUNDEN
1 TL Rosen-Blüten | 2 TL Alant-Wurzel | ½ TL Myrrhe

Das ist die Entspannungsmischung für den Abend. Wenn die Gedanken nicht zur Ruhe kommen wollen und Sie sich schwer tun, abzuschalten und in die Gelöstheit zu finden, ist dieser Duft wirklich Balsam für die Seele. Sie spüren förmlich, wie sich die Unruhe im Geist langsam von den zarten Duftschwaden davontragen lässt.

Der zarte Duft der Rosen-Blüten umschmeichelt die Nase und glättet die seelischen Wogen des Tages. Der warme und weichblumige Duft der Alant-Wurzel legt eine besänftigende und schützende Hülle um die Seele: Sie fühlen sich geborgen und getragen. Die Myrrhe erdet und zentriert, sie verscheucht den letzten Rest unruhiger Gedanken. Sie kommen in Ihrer Mitte an, befreit von störenden Einflüssen aus der Außenwelt.

SAMMELKALENDER

	Januar	Februar	März	April	Mai	Juni	Juli	August
Alant								■
Angelika								■
Baldrian								
Beifuß								■
Dost								■
Eisenkraut								■
Holunder						■	■	■
Hopfen						■	■	■
Johanniskraut						■	■	
Kalmus								
Kamille								■
Koriander								■
Königskerze							■	■
Lavendel							■	■
Lebensbaum							■	■
Lorbeer					■	■	■	■
Mädesüß					■	■	■	■
Melisse						■	■	■
Minzen								■
Mistel	■	■	■					
Rosmarin								■
Salbei								■
Schafgarbe								■
Süßgras				■	■	■		
Thymian								■
Wacholder								
Wermut							■	■
Ysop								■

Kräuter sammeln

Wenn Sie in der freien Natur ernten, achten Sie bitte darauf, dass Sie die Pflanze nicht verletzen. Ernten Sie nur so viel, dass die Pflanze wieder austreiben und weiterbestehen kann. Lassen Sie stets auch noch etwas für andere sich an der Natur erfreuende Menschen und Sammler stehen.

Generell gilt auch: Nur bei trockenem Wetter ernten. Am besten geeignet ist die Mittagszeit, wenn die Sonne scheint und die Feuchtigkeit vom Tau bereits abgetrocknet ist. Wurzeln können Sie auch erst gegen Nachmittag ernten und immer erst im Herbst. Jedoch nicht mehr im November, denn dann ruht die Erde bereits – und die Pflanzen in ihr ebenso.

Vermeiden Sie, in Naturschutzgebieten zu ernten. Pflanzen Sie statt dessen lieber zuhause selbst an. Der kleinste Balkon reicht für einige Kübel und Töpfe aus.

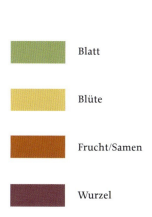

Blatt

Blüte

Frucht/Samen

Wurzel

DIE WIRKUNG VON KRÄUTERN UND HARZEN IM ÜBERBLICK

Die Übersicht erleichtert es Ihnen, das passende und wirkungsvollste Räucherkraut oder Harz zu finden – je nach der jeweiligen Thematik oder Absicht. Es empfiehlt sich, die Duftnoten im ersten Schritt rein zu genießen, also nicht als Teil einer Mischung. Auf diese Weise entdecken Sie besser die eigenen Vorlieben. Wenn Sie im zweiten Schritt eigene Mischungen herstellen, wählen Sie mindestens zwei, aber nicht mehr als sieben verschiedene Zutaten, die harmonisch der Absicht entsprechen, die Sie mit Ihrer Räucherung erzielen möchten.

Einen intuitiven Zugang zu Ihrer persönlichen Mischung erhalten Sie so: Notieren Sie auf kleine Kärtchen den Namen der Kräuter und Harze, die Sie vorrätig haben. Dann mischen Sie

	beruhigend	entspannend	kräftigend	stärkend	anregend	erhellend	leicht	nach oben öffnend	erdend
Alant			■			■	■		
Angelika			■					■	■
Baldrian	■	■							
Beifuß	■								
Dost	■	■		■					
Eisenkraut				■					
Holunder						■	■		
Hopfen	■	■							
Johanniskraut	■	■				■			
Kalmus			■	■					■
Kamille		■							
Koriander						■			
Königskerze						■			
Lavendel	■	■							
Lebensbaum			■						
Lorbeer								■	
Mädesüß				■					

die Kärtchen sorgfältig und legen sie – mit der unbeschriebenen Seite nach oben – gut verteilt auf einem Tisch aus. Nachdem Sie innerlich und in Ruhe und Konzentration das Thema formuliert haben, für das Sie sich das „zuständige" Räucherwerk wünschen, ziehen Sie zwei bis sieben der Kärtchen. Aus den jeweiligen Substanzen bereiten Sie Ihre Mischung.

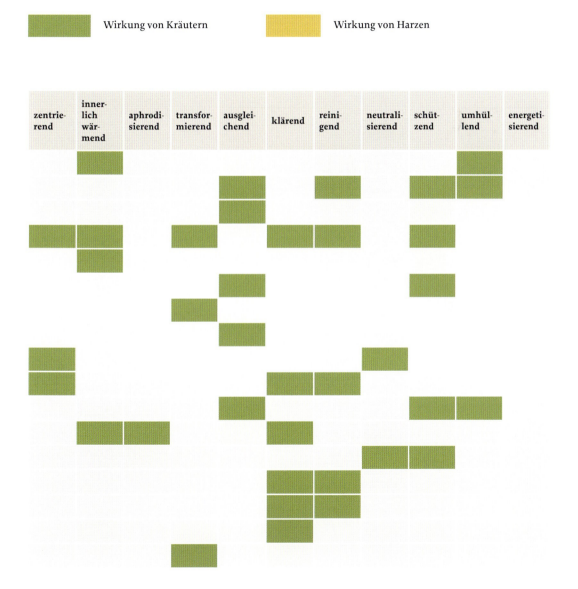

	beruhigend	entspannend	kräftigend	stärkend	anregend	erhellend	leicht	nach oben öffnend	erdend
Melisse				■	■				
Minzen			■	■	■				
Mistel							■	■	
Rosmarin				■	■				
Salbei									
Schafgarbe							■	■	
Süßgras		■							
Thymian			■	■					
Wacholder			■	■					
Wermut	■								■
Ysop					■				
Adlerholz	■								■
Benzoe	■	■							
Bernstein						■			
Huichol Copal	■	■	■	■					■
Schwarzer Copal			■	■					■
Weißer Copal				■					
Dammar				■	■	■		■	
Labdanum		■							
Mastix						■	■	■	
Myrrhe	■	■							■
Olibanum, Weihrauch	■	■	■	■				■	
Weißes Sandelholz	■	■							

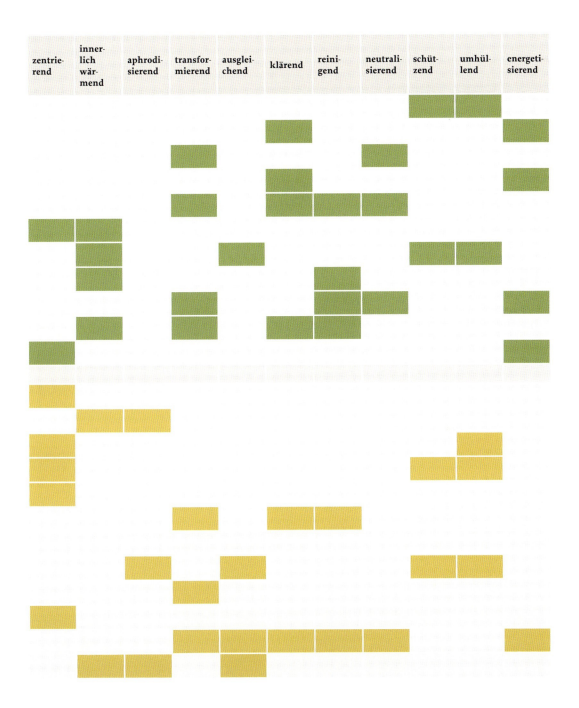

ZUM WEITERLESEN

Bader, Marlies: *Räuchern mit heimischen Kräutern*, Goldmann-Verlag 2008
Beschrieben werden die wichtigsten Kräuter unserer Umgebung samt Anwendung und Wirkung. Außerdem gibt es schöne Hinweise für Räucherrituale zu den Jahreszeiten, die leicht umzusetzen sind.
Fischer-Rizzi, Susanne: *Das Buch vom Räuchern*, AT-Verlag 2008
Standardwerk, das alle Räucherkulturen und deren wichtigste Räucherstoffe mit Wirkung auf körperlicher und psychischer Ebene umfasst. Ideal für alle, die sich umfassend mit dem Räuchern beschäftigen.
Kinkele, Thomas: *Heimische Räucherpflanzen*, Windpferd-Verlag 2010
Kompakter Führer durch 54 Pflanzen. Umfassende Beschreibung der Duftbotschaften mit Schwerpunkt auf spiritueller und psychischer Ebene. Für alle, die Räuchern auch begleitend zu ihrer persönlichen Entwicklung nutzen.
Storl, Wolf-Dieter: *Die Seele der Pflanzen*, Kosmos 2013
Beschreibung von 50 Pflanzen, auch weniger bekannten, und ihren Botschaften auf einer sehr persönlichen Ebene. Schöne Verbindung zwischen Bodenhaftung und Spiritualität. Schön zu lesen, informativ, lehrreich und unterhaltsam.
Stumpf, Ursula: *Pflanzengöttinnen und ihre Heilkräuter*, Kosmos 2010
Darstellung von 46 heimischen Pflanzen im Zusammenhang mit jahrhundertealtem weiblichen Wissen um die Heilkraft der Natur. Pflichtlektüre für naturverbundene, spirituelle Frauen.
Treml, Franz-Xaver: *Kräuter aus dem Garten*, Kosmos 2013
Ideales und sehr ausführliches Bestimmungsbuch: von den bekannten Küchenkräutern bis zu den Exoten und Kräuter-Raritäten. Empfehlenswert für alle, die sich einen schönen Kräutergarten anlegen wollen.

Aichele/Spohn/Golte-Bechtle: *Was blüht denn da?*, Kosmos 2008
Bachofer/Mayer: *Der neue Kosmos-Baumführer*, Kosmos 2006
Dreyer, Eva-Maria: *Essbare Wildpflanzen Europas*, Kosmos 2009
Hensel, Wolfgang: *Welche Heilpflanze ist das?*, Kosmos 2014
Scheffer, Mechthild: *Die Original Bach-Blüten*, Kosmos 2011
Spohn, Margot und Roland: *Welcher Baum ist das?*, Kosmos 2014
Wacker, Andreas: *Heilpflanzen der Homöopathie*, Kosmos 2008

ADRESSEN FÜR KRÄUTER UND ZUBEHÖR

Kräutergarten Calendula: Storchshalde 200,
70378 Stuttgart-Mühlhausen, www.calendula-kraeutergarten.de
Gärtnerei Monika Bender, Bioland-Kräutergärtnerei:
Augsburger Straße 515, 70327 Stuttgart-Untertürkheim
www.gärtnerei-bender.de
Staudengärtnerei Gaißmayer: Jungviehweide 3, 89257 Illertissen,
www.gaissmayer.de

Räucherschalen und vieles mehr: Das Gartenhaus, Steffi Hoffman,
71729 Rundsmühlhof (Erdmannhausen), www.dasgartenhaus.eu
Obst-Stellagen zum Trocknen der Kräuter: Horst Bittner,
36355 Ilbeshausen, Tel.: 06643-1501
Zirbenholzkissen: www.labdanum.de

AUTORIN

Christine Fuchs wurde 1963 in Stuttgart geboren. Sie machte Karriere in der Automobilindustrie, wo sie für Personalentwicklung sowie Mitarbeiter-Fortbildungen zuständig war. Vor einigen Jahren lernte sie die Räucherkunde kennen – und lieben. Sie fasste kurzerhand den Entschluss, ihr längjähriges und sicheres Angestellten-Dasein hinter sich zu lassen. Seitdem führt sie in ganz Deutschland, Österreich und der Schweiz erfolgreich und mit großer Resonanz Räucherkurse durch.

In ihrer Räuchermanufaktur *Labdanum* stellt sie eigene, hochwertige Räuchermischungen her. Auf dieser Basis möchte sie den heutigen Bedürfnissen der Menschen gerecht werden. Ihr Anliegen ist es, eine Brücke zu bilden zwischen dem traditionellen Heilwissen alter Kulturen und den modernen körperlichen wie seelischen Anforderungen. Sie lebt und arbeitet in einem großen Garten am Rand eines Dorfes bei Stuttgart.
www.labdanum.de

SERVICE

REGISTER

Adlerholz 44, 56
Alant 30, 51 f., 54
Allerheiligen 47
Angelika 30, 50, 52, 54
Arbeitsbelastung 27
Archäologie 10
Aromatherapie 7
Ausdauer 32

Baldrian 31, 52, 54
Beifuß 19, 22, 31, 42, 52, 54
Benzoe *Siam* 44
Benzoe *Sumatra* 44, 56
Bernstein 45, 56
Bilsenkraut 37
Birke 6
Bronchitis 44
Buche 6
Burgunderharz 24
Burnout 27

Copal, Huichol 45, 56
Copal, schwarzer 25, 46, 56
Copal, weißer 19, 25, 46, 56

Dammar 25, 47, 50 f., 56
Dost 32, 52, 54
Duft
    Intensität 16
    Moleküle 6, 16
    ,- synthetischer 17
    Wirkung 14

Eberraute 22
Eiche 6

Eisenkraut 32, 52, 54
Engelwurz 30
Entspannung 47
Erkältung 44
Erschöpfung 34

Fichten-Harz 31
Frauendreißiger 20

Gehirn 16, 26
Gelassenheit 27

Heilungsimpulse 11, 45
Holunder 33, 52, 54
Hopfen 33
Huichol Copal 45, 56

Intuition 8, 11, 21, 25

Johanniskraut 19, 22, 33 f., 52, 54

Kalmus 34, 52, 54
Kamille 18 f., 33, 35, 52, 54
Kampfer 19, 25, 42
Kardamom 19
Kelten 24
Kiefern-Harz 24
Königskerze 34, 36, 52, 54
Konzentration 9, 20, 26, 46
Koriander 35, 52, 54
Kräuterbüschel 22
Kreativität 26

Labdanum 47, 56
Lärchen-Harz 24
Lavendel 18 f., 25, 33, 36, 50, 52, 54
Lebensbaum 37, 52, 54
Limbisches System 6

Lorbeer 37, 52, 54

Majoran 18
Mädesüß 22, 38, 52, 54
Mastix 25, 34, 48, 56
Meditation 49
Melisse 19, 38, 52, 56
Minze 18 f., 25, 39, 52, 56
Mistel 39, 52, 56
Mondkalender 20
Motivation 26, 40
Muskatellersalbei 19, 22
Muskatnuss 19
Mut 32, 42
Myrrhe 19, 25, 27, 33, 48, 51, 56

Nasenschleimhaut 16, 26
Naturschutz 21, 51
Nervensystem, vegetatives 11
Niedergeschlagenheit 40

Olibanum 7, 16 f., 24, 48, 49, 56
Opoponax 25, 33, 48
Orange 26

Quendel 42

Räuchern
    Kegel 17
    Kultur 10
    Qualität 16
    Ritual 11, 13, 38
    Stäbchen 17
Raunächte 31
Riechsinn 26
Rosen-Blüten 15, 19, 25, 51
Rosmarin 18 f., 22, 25, 40, 52

Salbei 16, 19, 22, 25, 34, 40, 42, 50 f., 52, 56
Salpeter 13
Sandarak 25
Sandelholz 25, 27, 49, 56
Schafgarbe 41, 52, 56
Selbstvertrauen 42
Süßgras 25, 41, 52, 56

Thymian 16, 18 f., 25, 42, 52, 56
Trockenraum 22

„Ungeziefer" 42

Wacholder 6, 19, 31, 42, 52, 56
Waldweihrauch 24
Wahrnehmung 8
Weiblichkeit 25, 48
Weihrauch 16 f., 24, 33 f., 42, 48, 50 f., 56
Wermut 19, 43, 50 f., 52, 56
Wut 26

Ysop 18, 43, 52, 56

Zitrone 26, 38
Zitronenmelisse 18, 38

LAB.DANUM
DIE RÄUCHERMANUFAKTUR

Christine Fuchs
Im Wäsemle 7 • 71106 Magstadt
info@labdanum.de
Telefon: 07159.94 98 67

Naturreine Räucherware, nicht synthetisch parfümiert und gefärbt
Harze direkt aus dem Ursprungs- bzw. Herkunftsland
Herstellung eigener Räuchermischungen
Räucherstövchen und -schalen von kleinen, deutschen Töpfereien

Räucherkurse in Deutschland, Österreich und der Schweiz

24|7 ONLINE.SHOP
WWW.LABDANUM.DE
24 Stunden am Tag –
7 Tage die Woche

HERZLICHEN DANK AN ALLE,

von denen ich so viel über das Räuchern lernen durfte: Susanne Fischer-Rizzi, Thomas Kinkele, Christian Rätsch. Und auch an jene, die mich täglich unterstützen: Hilde & Franz (meine Eltern, die bewährte Seniorenmannschaft beim Abfüllen), Susanne Sonneck (*Labdanum*-Außenstelle, Pre-Press- und Webdesign-Agentur und Mädchen für alles, www.susanne-sonneck.de), Sabine Armbrecht (unermüdliche Helferin und Beraterin).

IMPRESSUM

Mit 106 Fotos: 46 von Roberto Bulgrin: S. 2, 3, 4, 6, 8, 9, 12, 13, 14, 17, 27 sowie alle 36 Fotos auf der vorderen und hinteren Buchklappe; 4 von Christine Fuchs: S. 50, 51; 19 von Gartenschatz: S. 30 (beide), 31 u., 32 o., 33 (beide), 34 o., 35 o., 36 (beide), 37 u., 38 (beide), 39 (beide), 41 (beide), 43 (beide); 3 von Frank Hecker: S. 31 o., 40 u., 42 o.; 1 von Rudolf König: S. 35 u.; 1 von Hans E. Laux: S. 32 u.; 4 von Max Ludwig: S. 18, 19, 20, 21; 3 von Andrea Maucher: S. 47 o., 53, 59; 1 von Peter Schönfelder: S. 34 u.; 21 von Susanne Sonneck: S. 3, 11, 15, 23, 25 (alle 4), 28, 32 (beide), 44 (beide), 45 (beide), 46 (beide), 47 u., 48 (beide), 49 (beide); 3 von Roland Spohn: S. 37 o., 40 o., 42 u..

Umschlaggestaltung des Buches und der Baderole von Gramisci Design unter Verwendung eines Fotos von Tina Steinauer (Stövchen) sowie von Andrea Maucher (Schale).

Unser gesamtes Programm finden Sie unter **kosmos.de**.
Über Neuigkeiten informieren Sie regelmäßig unsere
Newsletter, einfach anmelden unter **kosmos.de/newsletter**

Gedruckt auf chlorfrei gebleichtem Papier

© 2015, Franckh-Kosmos Verlags-GmbH & Co. KG, Stuttgart
Alle Rechte vorbehalten
ISBN 978-3-440-14893-8
Lektorat: Dr. Stefan Raps
Produktion: Markus Schärtlein
Gestaltung und Satz: solutioncube GmbH, Renata Bulatova
Printed in Germany / Imprimé en Allemagne

> Für die in diesem Buch beschriebenen Rezepte und Räuchermethoden übernehmen Autorin und Verlag keine Haftung. Weder Autorin noch Verlag haften für Schäden, die aus der Anwendung der im Buch vorgestellten Hinweise und Ratschläge entstehen könnten. Bei gesundheitlichen Störungen sprechen Sie sich mit Ihrem Arzt oder Heilpraktiker ab, die vorgestellten Methoden bieten keinen Ersatz für eine therapeutische oder medizinische Behandlung.

IM ÜBERBLICK: HINWEISE UND TIPPS FÜR DAS RICHTIGE RÄUCHERN

- Vor dem ersten Räuchern: Lesen Sie die Anleitung sorgfältig durch, vor allem auf den Seiten 12-15 sowie der vordere Buchklappe.
- Die 9 Räucherstoffe im Kistchen sind ungiftig. Dennoch sind sie nicht für kulinarische Zwecke und zum Verzehr geeignet, auch nicht als Tee oder Aufguss. Kein Lebensmittel!
- Getrocknete Kräuter sollten Sie innerhalb von zwei Jahren aufbrauchen, Harze können Sie über Jahre hinweg verwenden.
- Bei naturreinen Stoffen kann es im Lauf der Zeit zu leichten Farb- oder Geruchsveränderungen oder auch zu Veränderungen des Anteiles von ätherischen Ölen kommen. Diese haben keinen Effekt beim Räuchern.
- Stellen Sie Räucherstövchen, -schale oder andere -gefäße immer auf eine feuerfeste Unterlage. Sorgen Sie für die nötige Brandsicherheit.
- Lassen Sie Räuchergefäße mit offener Flamme oder glimmender Kohle aufgrund von Brandgefahr niemals unbeaufsichtigt.
- Räuchern Sie vor allem in Innenräumen nicht zu intensiv und nur über kurze Zeit. Nach dem Räuchern stets die Räume gut lüften.
- Lassen Sie Kinder oder Menschen mit eingeschränkter Fähigkeit im Umgang mit Räucherstoffen und brennbarem Material nur unter Aufsicht hantieren. Setzen Sie Säuglinge weder Rauch noch intensiven Duftstoffen aus.
- Falls Sie auf bestimmte Räucherstoffe allergisch reagieren oder Ihre Atemwege gereizt werden, sollten Sie diese besser nicht mehr anwenden. Für Asthmatiker empfiehlt sich das Räuchern mit dem Stövchen, da hierbei wenig Rauch entsteht.
- Zünden Sie die Kräuter und Harze nicht direkt an. Durch die offene Flamme würden sie nicht verglimmen, sondern verbrennen.
- Wenn Ihnen der Rauch unangenehm ist oder Sie sich unwohl fühlen, sollten Sie den Räuchervorgang stoppen. Raum gut lüften.
- Das Kistchen mit den Räucherstoffen am besten kühl lagern und nicht der Sonne aussetzen. Nicht in Reichweite von Kindern oder Haustieren aufbewahren.